Aan de slag met diversiteit
Effectief communiceren met verschillende culturen

*De PM-reeks
verschijnt onder hoofdredactie
van Jan de Ruijter*

Aan de slag
met diversiteit

Effectief communiceren met verschillende culturen

Youssef **Azghari**

Copyright: Uitgeverij Nelissen, Barneveld, 2009
Omslag: Vandermeer visuele communicatie, Culemborg
Omslagillustratie: Gosse Koopmans, Wanrooij Fine Art, Arnhem
Foto portret omslag: Rens Plaschek
ISBN: 978 90 244 1834 3
NUR: 812
1e druk: 2009

ALLE RECHTEN VOORBEHOUDEN

Behoudens de in of krachtens de Auteurswet van 1912 gestelde uitzonderingen mag niets uit deze uitgave worden verveelvoudigd, opgeslagen in een geautomatiseerd gegevensbestand, of openbaar gemaakt, in enige vorm of op enige wijze, hetzij elektronisch, mechanisch, door fotokopieën, opnamen, of enig andere manier, zonder voorafgaande schriftelijke toestemming van de uitgever.

Voorzover het maken van reprografische verveelvoudigingen uit deze uitgave is toegestaan op grond van artikel 16h Auteurswet 1912 dient men de daarvoor wettelijk verschuldigde vergoedingen te voldoen aan de Stichting Reprorecht (Postbus 3060, 2130 KB Hoofddorp, www.reprorecht.nl). Voor het overnemen van gedeelte(n) uit deze uitgave in bloemlezingen, readers en andere compilatiewerken (artikel 16 Auteurswet 1912) kan men zich wenden tot de Stichting PRO (Stichting Publicatie- en Reproductierechten Organisatie, Postbus 3060, 2130 KB Hoofddorp, www.cedar.nl/pro)

Uitgeverij Nelissen
Postbus 358, 3770 AJ BARNEVELD
Telefoon: 0342 42 79 50, telefax: 0342 42 79 59
www.nelissen.nl, e-mail: uitgeven@nelissen.nl

Inhoud

Voorwoord		9
Inleiding		13

Hoofdstuk 1: Aandacht voor diversiteit   19

1.1	Belang	19
1.2	Betekenis	24
	Ras en racisme	26
1.3	Wereldbeelden	29
1.4	Mensbeelden, levenshouding en invloed op de communicatie	35
	De mens als dier	35
	De mens als machine	38
	De mens als computer	39
	De mens als boom	40
	Mensbeelden: Plato of Aristoteles	42
1.5	Extra dimensie van diversiteit: spiritualiteit	44
1.6	Doelen van aandacht voor diversiteit	49
	Vreedzaam samenleven	49
	Van elkaar leren	49
	Vermijden van discriminatie	50
1.7	Vragen stellen	51
	Zakelijke vragen en persoonlijke vragen	51
	Directe vragen en indirecte vragen	52
	Manipulerende vragen en onderzoekende vragen	52
	Gesloten vragen	52
	Open vragen	53
	Tips bij vragen stellen	53
1.8	Drie wegen naar diversiteitsdenken	55
	Vermeerderen kennis	55
	Oefenen inlevingsvermogen	56
	Bewustwording vanzelfsprekendheden	56
1.9	Begripschaal	57
1.10	Essentie diversiteitsdenken	58
1.11	Samenvatting	59

Hoofdstuk 2: Diversiteitsdenken toepassen   **61**

2.1   De zes eigenschappen van diversiteitsdenken   61
       Nieuwsgierigheid en onbevangenheid   62
       Oprechtheid en respect   64
       Authenticiteit en bescheidenheid   65
2.2   De zes eigenschappen van diversiteitsdenken in de praktijk   66
       Nieuwsgierigheid en onbevangenheid   67
       Oprechtheid en respect   67
       Authenticiteit en bescheidenheid   68
2.3   Resultaten diversiteitsdenken   69
       Diversiteitsdenken verhoogt de kans op geslaagde communicatie   70
       Diversiteitsdenken verbetert de interculturele competenties   71
2.4   Positionering   72
2.5   Samenvatting   74

Hoofdstuk 3 Diversiteitsdenken in de praktijk   **77**

3.1   Analyse casus 'Laila vraagt om hulp'   77
3.2   Casussen op verschillende dimensies diversiteit   84
       Misverstanden in relaties aanknopen   84
       Casus 1: Abdul vraagt om een gunst   84
       Casus 2: Mehmet verliest het contact met zijn achtergrond   89
       Irritaties vanwege 'ja zeggen, nee doen'   93
       Casus 3: Saleh houdt zich niet aan de afspraken   93
       Casus 4: Mousa vertrouwt niemand   97
       Irritaties vanwege vanzelfsprekendheden   100
       Casus 5: Melike, een lesbische moslima, kan geen 'nee' zeggen   100
       Casus 6: Karel, een gereformeerde homo, komt niet uit de kast   104
       Irritaties vanwege verschillend taalgebruik   108
       Casus 7: Ron begrijpt de hulpverlener niet   108
       Casus 8: Nouredin komt agressief over door te hard praten   111
       Irritaties vanwege discriminatie   114
       Casus 9: Ali neemt geen opdrachten aan van vrouwen   115
       Casus 10: Thijs gedraagt zich opstandig   116

Literatuur 121

Bijlagen 125
Bijlage 1: Zorg heeft mensen nodig die andere
culturen kennen 127
Bijlage 2: Geef culturele voorlichting op scholen 129
Bijlage 3: Molukse lessen voor Marokkanen
die radicaliseren 131
Bijlage 4: Amerika is een strenge vader,
Europa een zorgzame moeder 133
Bijlage 5: Respectvol liegen houdt verschil in
strafmaat in stand 137
Bijlage 6: Culturele diversiteit en strafzaken 139
Bijlage 7: De leugen regeert over de kleur van Obama 149
Bijlage 8: Jezelf superieur voelen leidt altijd tot rampen 153
Bijlage 9: Jonge moslims op zoek naar 'change' 155
Bijlage 10: Weigeren hand is onvolwassen 159
Bijlage 11: Onderwijs heeft nog te weinig oog
voor cultuurverschillen 163

Voorwoord

Diversiteit is een veelbesproken begrip. Iedereen heeft vanuit persoonlijke overtuiging of ideologie wel een bepaald beeld bij diversiteit, zowel in negatieve als positieve zin. De meeste cynici en pessimisten stellen aandacht voor diversiteit gelijk met het betuttelen van de meest kwetsbare groepen in de samenleving. Optimisten zien diversiteit juist als dé manier om een rechtvaardige samenleving te creëren. Wat hierbij opvalt is dat wanneer je doorvaagt naar wat mensen precies onder diversiteit verstaan, ze hun eigen interpretatie van het begrip geven. Dat komt omdat diversiteit een veelomvattend begrip is, dat een waaier aan gevoelens en associaties oproept. Diversiteit is dan ook heel moeilijk te vangen in een begripsomschrijving.

Bij het schrijven van dit boek zag ik het als mijn uitdaging om hierin meer helderheid te brengen. Ik ben daarbij uitgegaan van positieve aandacht voor diversiteit omdat dit ruimte biedt aan gelijke kansen voor iedereen en het versterken van ieders positie, ongeacht achtergrond, seksuele voorkeur, enzovoort. Daarnaast leidt deze positieve diversiteitsgedachte ook tot beter contact met de ander en uiteindelijk tot een betere samenleving. Dit boek beoogt het streven om telkens te kijken waarin we elkaar kunnen vinden, bijvoorbeeld in het delen en uitdragen van universele waarden.

Diversiteit wordt vaak benaderd vanuit een probleem, maar het is verstandiger om aandacht voor diversiteit bij voorbaat te zien als een remedie voor de vele maatschappelijke ongemakken en uitwassen, die in de media dagelijks de revue passeren, zoals fricties, ruzies, rellen, misverstanden en miscommunicatie tussen zowel individuen als groepen mensen en tussen professionals en cliënten met een verschillende culturele setting. Om aandacht voor diversiteit niet vanuit een probleem te benaderen maar juist als een oplossing te zien voor problemen om ons heen, is een andere houding nodig. Hoe die andere houding – dat is een andere manier van kijken naar en denken over diversiteit – eruitziet, wordt in dit boek gepresenteerd.

Mijn jarenlange ervaringen met het geven van lezingen over diversiteit en het verzorgen van trainingen en workshops over het verbeteren van interculturele communicatie – in Nederland en ver daarbuiten – prikkelden mij om dit boek te schrijven. De leidende vraag daarbij was hoe diversiteit voor iedereen praktisch toepasbaar te maken. Vandaar de titel *Aan de slag met diversiteit*.

Het was voor mij geen verrassing om te ontdekken dat juist mensen die van jongs af ondergedompeld zijn in verschillende culturen en ook regelmatig contact hebben met mensen van buiten hun leefgemeenschap, van *nature* veel beter konden omgaan met mensen die anders waren dan zij. Ik heb zelf heel veel mogen drinken uit verschillende culturele bronnen, met name de Nederlandse en Marokkaanse. Als zesjarige emigreerde ik met mijn familie naar Holland. Op latere leeftijd heb ik ook andere landen, zoals Indonesië en Amerika, voor een langere tijd mogen bezoeken en veel mensen uit verschillende culturen ontmoet die mijn ogen verder hebben geopend. Het contact met mensen die *anders* dachten, geloofden en leefden hebben mij telkens nieuwe inzichten gegeven in hoe ik denk, geloof en leef en zo mijn eigen identiteit versterkt. Daar ben ik dankbaar voor, want het heeft mij mede gevormd tot wie ik ben.

Ik wil graag een aantal mensen bedanken voor de steun, het vertrouwen en de inspiratie die ze hebben gegeven. Ine van Zon, directeur van de Academie voor Sociale Studies in Breda, wil ik bedanken omdat ze mij ruimte gaf om het thema diversiteit binnen Avans onder de aandacht te brengen. In het kader van het project diversiteit heb ik op 2 december 2008 een symposium 'Diversiteit of apartheid' geleid voor een breed publiek op de Avans Hogeschool in Breda. Positieve aandacht geven aan diversiteit was het doel. De overweldigende opkomst voor dit symposium en de uitstekende inhoudelijke inbreng van de participanten – zoals Frans van Kalmthout, lid Raad van Bestuur Avans Hogeschool; Bart Jan Krouwel, directeur Maatschappelijk Verantwoord Ondernemen Rabobank Nederland en vier studentes van Avans Hogeschool: Bauke Bachman, Dominique Boer, Abiday Chakay, Zobida Ajari – hebben mij niet alleen extra geïnspireerd maar waren voor mij ook een teken dat er een grote behoefte bestaat aan meer kennis over diversiteit en hoe daarmee om te gaan in de praktijk. In deze behoefte voorziet mijn boek.

Tot slot gaat mijn dank uit naar Ed van Tienen, redacteur bij uitgeverij Nelissen, voor zijn heldere feedback op mijn schrijven. Hij heeft als een kritische lezer telkens de boodschap van mijn boek verder aangescherpt. Mijn vrouw Raquel en zoontje Dean Nour-e-Dean wil ik ook graag in het zonnetje zetten, omdat ze mij met alle liefde van de wereld de ruimte hebben gegeven om dit boek te mogen schrijven.

Drs. Youssef Azghari
Tilburg, april 2009

Inleiding

Aan de slag met diversiteit is ontstaan vanwege de dringende behoefte van beroepskrachten in de dienstverlening naar meer expertise op het gebied van culturele diversiteit. Zij merken namelijk dat hun kennis van specifieke doelgroepen, veelal lid van minderheidsculturen, onvoldoende is. Daarnaast merken ze dat zowel hun beroepshouding als interculturele communicatieve competenties ontoereikend zijn om hun nieuwe cliënten goed van dienst te kunnen zijn. Effectief communiceren met mensen uit verschillende culturen is wat ze willen.

Professionals die om een nieuwe aanpak vragen zijn niet alleen werkzaam in de zorg, het welzijn, de hulpverlening en in de veiligheid, maar ook in de commerciële dienstverlening, zoals in het bankwezen en uitzendbureaus. Zij willen met name beter omgaan met hun cliënten met een niet-westerse culturele achtergrond. In de volksmond worden deze doelgroepen ook wel *allochtonen* genoemd. Vanwege ondermeer de structurele economische immigratiegolven en politieke vluchtelingenstromen liggen de culturele wortels van steeds meer Nederlanders, vooral woonachtig in de grotere steden, buiten Nederland, zoals Marokko, Turkije en Suriname.
De verwachting is dat in 2050 bijna één op de drie Nederlanders afkomstig is van families die zich in eerste instantie als immigranten hier hebben gevestigd. Een vergelijkbare ontwikkeling zien we ook in de Verenigde Staten. Om hierop te kunnen spelen en om de huidige kloof in de (mis)communicatie, misverstanden en (onderhuidse) irritaties tussen de verschillende Nederlanders te verkleinen is het logisch dat er een groeiende behoefte bestaat aan nieuwe inzichten om beter de verschillende doelgroepen te bedienen.

Om de verschillende doelgroepen goed te kunnen bedienen, is een geheel nieuwe aanpak nodig waarin op het eerste oog botsende waarden in de juiste context geplaatst en begrepen kunnen worden, om vervolgens een bijdrage te kunnen leveren om verschillen tussen partijen te overbruggen. In dit boek zullen we kennismaken met deze aanpak, die niet wit of zwart is. Deze nieuwe aanpak voorziet in de behoefte van de beroepskrachten die met diversiteitvraagstukken te maken krijgen. Om aan de slag te gaan met deze nieuwe aanpak, moet men zich een nieuwe manier van denken over vraagstukken op het gebied van diversiteit eigen maken, het zogenoemde *diversiteitsdenken*.

Contact

De vraag 'hoe maak ik contact met de ander?' klinkt na mijn ruim tien jaar ervaring met het geven van lessen, lezingen, workshops en trainingen over cultuurbepaalde communicatie steeds luider. Dat is niet alleen in Nederland zo, maar ook daarbuiten, zoals in België, de Verenigde Staten, Qatar en Syrië. De dieperliggende wens van de professionals, die achter hun vraag tot beter contact telkens schuilgaat, is om hun kennis, houding en vaardigheden zodanig te sterken dat ze hun professioneel handelen in de omgang met diversiteit zichtbaar zien verbeteren. In de praktijk betekent dat zo allerlei spanningen, irritaties, misverstanden en problemen tot een minimum kunnen beperkt of voorkomen kunnen worden.

De grote uitdaging waar alle professionals voor staan – van betrokken maatschappelijk werkers, jongerenwerkers, docenten, decanen, politieagenten tot advocaten en bankmedewerkers – is om maximale kwaliteit in de dienstverlening te bieden aan ieder die daarop recht heeft, beroep doet of nodig heeft. Het doel is telkens om het leven van de ander aangenamer of draaglijker te maken.

Handvat en leidraad

Kwaliteitsverbetering als gemeenschappelijk streven speelt niet alleen een urgente rol in één afgebakend beroepenveld, zoals in de welzijnssector, van bijvoorbeeld maatschappelijk werkers en opbouwwerkers. Zij zijn sowieso dagelijks gedwongen hun hoofd te breken over hoe beter in te spelen op diversiteit. Net zo goed wordt hetzelfde streven gedragen in andere sectoren door talrijke andere professionals en specialisten, zoals (huis)artsen, internisten, verpleegkundigen en wijkagenten. Hoewel de setting waarin deze beroepskrachten werken zeer van elkaar afwijkt – van werken in een buurthuis, ziekenhuis, bank tot in de wereld van justitie en rechtspraak – komt hun wens naar aanleiding van een gesignaleerd probleem, kwestie of worsteling met een culturele dilemma meestal in essentie op dezelfde neer. Hun roep luidt steevast:

'Geef ons een handvat om beter aan de slag te kunnen met ons rijk geschakeerd cliëntenbestand!'

Aan deze wens is de titel van het boek *Aan de slag met diversiteit* ontleend. Dit boek reageert hierop door antwoord te geven op twee essentiële vragen die tevens de leidraad van dit boek vormen:
1. Wat is het belang en betekenis van aandacht voor culturele diversiteit?
2. Hoe verbeter je met diversiteitsdenken cultuurbepaalde communicatie?

Het antwoord op de eerste vraag leidt tot meer inzicht in wat diversiteit in het algemeen en culturele diversiteit in het bijzonder inhouden en waarom het belangrijk is om hieraan aandacht te besteden. Het doel is afbakenen van het begrip culturele diversiteit en het inbedden in de actualiteit.
Het doel van de beantwoording van de tweede vraag is tweeledig. Eerst volgt toelichting op diversiteitsdenken, daarna volgt toepassing van dit nieuwe denken op casussen. Daarbij wordt het brugmodel ingezet als handvat. Zo draagt het diversiteitsdenken via het volgen van de drie stappen uit het brugmodel bij aan een betere omgang met de ander. Dat vergroot weer het professioneel handelen op het gebied van diversiteitsvraagstukken.

Diversiteitsdenken

De volgende drie vragen vormen in contact met de ander de kern van het diversiteitsdenken.
1. Wat kan ik weten?
2. Hoe wil ik met de ander omgaan?
3. Wat doe ik?

Deze vragen zijn bedoeld om eerst kennis te verzamelen over welke waarden en belangen een rol spelen in contact met de ander (= stap 1), vervolgens de eigen verwachtingen en normen uit te spreken (= stap 2) en tot slot ze beide te vertalen in concreet gedrag (= stap 3).

Met het doorlopen van deze drie verschillende stappen, die samen het brugmodel vormen, wordt deze nieuwe manier van denken, *het diversiteitsdenken*, uit de doeken gedaan. Het doel van dit denken is te komen tot een geslaagde cultuurbepaalde communicatie. Basisvoorwaarden voor zo'n succesvolle communicatie zijn: kennis, empathie en bewustwording van de eigen vanzelfsprekendheden.

Casussen

Ik ben van mening dat nieuwe inzichten, die nodig zijn om de eigen communicatie en daarmee de eigen professionaliteit in contact met de ander te verbeteren, pas echt gedijen met gebruik van aansprekende praktijkvoorbeelden. Het stilstaan bij zulke casussen, het reflecteren erop en het analyseren ervan volgens de drie stappen van het brugmodel, stimuleren het diversiteitsdenken. Uit dit denken ontstaan weer nieuwe inzichten. Diversiteitsdenken wordt zo gevoed door ervaringen uit het werkveld. We zullen zien dat dit denken met gebruik van het brugmodel als handvat de motor is voor betere communicatie met de ander in onze heterogene samenleving. Door beter contact te maken wordt het effectief werken met verschillende doelgroepen vanzelf vergroot. In hoofdstuk 2 en 3 wordt uitgebreid stilgestaan bij wat dat precies inhoudt in de praktijk.

Alle casussen die in dit boek worden besproken, zijn ingebracht door ervaren professionals. Hun praktijkvoorbeelden spelen zowel af in een gedwongen werkkader – zoals gesloten inrichtingen – als in een vrijwillig kader – zoals de maatschappelijke dienstverlening. De casussen zijn vooral geselecteerd op hun relatie met een diversiteitsvraagstuk, frequentie en herkenbaarheid. Een casus bevat een diversiteitvraagstuk wanneer de gesignaleerde vragen en/of problematiek ontstaan zijn door (cultuur)verschillen tussen minimaal twee mensen, zoals een professional en zijn of haar cliënt.

Wat betreft frequentie: de praktijkgevallen betreffen geen eenmalige incidenten. Ze hebben binnen een tijdsbestek van twee jaar minimaal twee keer plaatsgevonden in minimaal twee verschillende werksettings. Dat wil zeggen dat een soortgelijke gebeurtenis door twee professionals, die in twee verschillende werkvelden werken, onafhankelijk van elkaar is ervaren. Ook is gekeken naar de mate van herkenbaarheid van een casus. Min of meer dezelfde gebeurtenissen moeten herkend worden door de meerderheid van de professionals uit dezelfde werksetting. Weliswaar staat elke casus op zich zelf en is dus uniek, maar in de kern zijn de vragen of problemen, die daaruit voortvloeien, van hetzelfde hout gesneden. Hoe vaker een vergelijkbaar voorval heeft plaatsgevonden in een korter tijdsbestek in meerdere situaties hoe vaker we ze met een nog grotere zekerheid kunnen generaliseren naar andere werkvelden.

Opbouw

Aan de slag met diversiteit bestaat uit drie hoofdstukken.
Hoofdstuk 1 richt zich op beantwoording van de twee vragen. Bij de eerste vraag 'wat is het belang en betekenis van aandacht voor culturele diversiteit?' sta ik stil bij het verschijnsel (culturele) diversiteit. Met de tweede vraag 'hoe verbeter je met diversiteitsdenken cultuurbepaalde communicatie?' wordt de kern van het diversiteitsdenken toegelicht.
Hoofdstuk 2 bevat meerdere instructies, aanwijzingen en praktische tips voor het gebruik van het diversiteitsdenken.
Tot slot wordt in hoofdstuk 3 aan de hand van elf casussen het diversiteitsdenken concreet toegepast.

Het boek sluit af met literatuur en bijlagen waaraan gerefereerd wordt in het boek. De bijlagen bestaan uit artikelen die mijn visie weergeven op vraagstukken op het gebied van diversiteit.

Hoofdstuk 1
Aandacht voor diversiteit

1.1 Belang

Studie naar culturele diversiteit in onze samenleving heeft de laatste jaren een hoge vlucht genomen. Diversiteit staat al jaren op de (politieke) agenda van organisaties. Aandacht voor diversiteit is er in het kleinste buurthuis, waar oudere buitenlandse vrouwen eens per week Nederlandse taallessen volgen, tot aan grote witte bolwerken zoals universiteiten, waar gestreefd wordt om met name vrouwen en nieuwe Nederlanders als hoogleraar tot de ivoren toren te laten doordringen. Organisaties worden zich steeds meer bewust van het belang van culturele diversiteit, vooral als zij zien welke negatieve effecten kunnen optreden wanneer er onvoldoende aandacht voor is.

Een voorbeeld van onvoldoende aandacht voor culturele diversiteit in de setting van het ziekenhuis, is het schrijnende verhaal van een bejaarde Marokkaanse man die zich geen raad wist met zijn – in zijn ogen – te verwesterde dochter. Zie naar aanleiding van deze casus het onderzoek van Malika Boulbahaiem in 2007 naar psychosociale ondersteuning van Marokkaanse kankerpatiënten in België.
De man lag in het ziekenhuis op sterven en wilde zijn oudste dochter die afscheid van hem wilde nemen, niet meer zien. Hij voelde zich mislukt als vader omdat ze in zijn ogen te verwesterd was en van hem was vervreemd. Het ziekenhuispersoneel greep niet in omdat volgens de 'witte' Nederlandse aanpak de *(keuze)vrijheid* en *eigen verantwoordelijkheid* van de patiënt heilig zijn (zie ook bijlage 1: 'Zorg heeft mensen nodig die andere culturen kennen'). De paradox is dat de Marokkaanse man juist deze 'westerse' waarden verfoeide. Hij wilde zijn dochter niet meer zien omdat ze in zijn beleving niet meer solidair was aan de traditionele Marokkaanse waarden, zoals *respect* en *gehoorzaamheid*. Hierdoor leed hij gezichtsverlies en schaamde hij zich voor haar. De Marokkaanse man uit dit voorbeeld is gestorven zonder afscheid te nemen van zijn dochter; de kloof tussen hen bleek te groot.

Een situatie als deze bezorgt menig hulpverlener kopzorgen. Kan een hulpverlener helpen een brug te slaan tussen vader en dochter en zo ja, hoe dan? Wat uitkomst zou kunnen bieden is het inschakelen van een intermediair die door studie, ervaring en de juiste houding op het oog conflicterende waarden in harmonie met elkaar brengt. In dit voorbeeld zou de intermediair de traditionele gelovige vader allereerst moeten confronteren met zijn gedrag. De intermediair zou kunnen benadrukken dat de dochter, die naar het idee van de vader *haar* vrijheid boven *zijn* respect plaatst, haar vader uit vrije wil heeft opgezocht. Haar vrije keuze om hem te *willen* zien, getuigt van oneindig meer respect dan wanneer zij dat slechts uit *gehoorzaamheid* of *beleefdheid* zou doen. Het doel van deze interventie is dat de vader tot het inzicht komt dat wat hij verlangt van zijn dochter – namelijk respect – al krijgt van haar.

De intermediair tussen vader en dochter, zou een maatschappelijk werker kunnen zijn die opgegroeid is in beide werelden en heeft geleerd om bruggen te slaan tussen mensen met verschillende visies en opvattingen. In dit voorbeeld kan de intermediair ook een imam zijn met kennis van zowel de Marokkaanse als de Nederlandse cultuur. De imam is dan in staat om aan te sluiten bij de belevingswereld van de vader en hem tegelijkertijd een spiegel voor te houden. Hij zou eventueel een religieuze dimensie aan de dialoog kunnen toevoegen door te wijzen op 1 van de 99 schone eigenschappen van Allah, *de vergevingsgezinde*. De imam zou de vader extra kunnen prikkelen met de vraag: 'Hoe kun je verlangen dat God al jouw zonden vergeeft als jijzelf niet in staat bent om je met je dochter te verzoenen?'

Dat culturele diversiteit van belang is, staat voor organisaties vaak wel vast. De redenen die zij hebben om er aandacht aan te besteden, verschillen van commercieel eigenbelang tot maatschappelijke betrokkenheid. Hoewel het algemeen en eigenbelang vaak op gespannen voet met elkaar staan, gaan ze in ideale omstandigheden hand in hand. Een organisatie die uit eigenbelang aandacht geeft aan diversiteit, wil haar voortbestaan, groei en succes veiligstellen door ook leden uit minderheidsgroepen als toekomstige klanten te werven. Het belang van culturele diversiteit komt in dit geval dus voort uit commerciële motieven. Zo heeft het groene onderwijs baat bij het werven van studenten met een niet-westerse achtergrond omdat zij een steeds groeiende groep worden en het onderwijs simpelweg niet zonder deze studenten kan voortbestaan.

Een organisatie die uit maatschappelijke betrokkenheid of solidariteit aandacht geeft aan diversiteit, vertrekt vanuit de gedachte dat iedereen een gelijke kans verdient. Dit algemeen belang is ingegeven door een gedeelde maatschappelijke verantwoordelijkheid en is daarom vaak vrijblijvend van karakter. Met voorkeursbeleid worden sommige minderheidsgroepen met een grotere afstand naar de arbeidsmarkt onderdeel van de organisatie die ze werft. Omdat het dienen van het algemeen belang nooit vanzelf gaat, wordt het werven gestimuleerd vanuit de overheid. Dit gebeurt meestal met het verstrekken van subsidies om bijvoorbeeld mensen met een beperking aan een baan te helpen.

Welk belang men ook dient, zeker is dat diversiteit tegenwoordig in de belangstelling staat. Maar diversiteit is niets nieuws; het heeft altijd al bestaan. Verschillen tussen mensen zijn van alle tijden. Je kijk op de wereld wordt in grote mate bepaald door waar je als man of vrouw op aarde terechtkomt, op welke plaats, in welk gezin en cultuur je opgroeit. Verschillen zijn noodzakelijk bij het ontdekken van je eigen identiteit en zijn een zegen voor de vooruitgang. Het goed omgaan met verschillen tussen mensen kan leiden tot een onuitputtelijk bron van rijkdom, vreedzaam samenleven en zowel nieuwe kennis vergaren als nieuwe kansen creëren. Het verkeerd omgaan met verschillen daarentegen, door je bijvoorbeeld superieur te voelen aan de ander, kan leiden tot (culturele) armoede, geweld tegen vreemdelingen, terreur en fanatisme.

We leven in een tijd waarin men verschillen tussen mensen vaak als een probleem ervaart. Met name populistische politici problematiseren verschillen tussen mensen en voeden daarmee het wantrouwen jegens de ander. In Nederland deed Geert Wilders, de voorman van de Partij voor de Vrijheid, dat onder andere door een filmpje te maken (*Fitna,* 2008) waarin hij een direct verband legt tussen de boodschap van de Koran en het gebruik van geweld door moslimextremisten. Het doel van zijn extreem denken is om de vrijheden van met name Nederlandse moslims te beknotten. En toen de Marokkaanse Nederlander Ahmed Aboutaleb, de huidige burgemeester van Rotterdam, in 2006 staatssecretaris van Sociale Zaken werd in het vierde kabinet-Balkenende, wees Wilders op zijn dubbele nationaliteit. Wilders geloofde niet dat Aboutaleb met zijn dubbele achtergrond loyaal kon zijn aan de Nederlandse rechtstaat. Deze twijfels sprak hij ook uit ten aanzien van Nebahat Albayrak, die van Turkse afkomst is en in hetzelfde kabinet staatssecretaris van justitie werd.

Om te voorkomen dat complete samenlevingen door extreme figuren zoals Wilders ontwricht raken, is positieve aandacht voor diversiteit een noodzaak. Ook het bespreekbaar maken van zaken die negatief in het nieuws komen is gewenst om de wind uit de zeilen te halen van opgeblazen ego's in de politiek – inclusief de islamitische varianten op Wilders – en de media, zoals enkele zeer slecht geïnformeerde en sensatiebeluste journalisten, die ermee aan de haal willen gaan.

Aan negatieve aandacht voor diversiteit in Nederland is geen gebrek. Je hoeft slechts naar het nieuws op de televisie te kijken of de krant open te slaan om talloze voorbeelden tegen te komen van spanningen tussen oude en nieuwe Nederlanders. Door het uitvergroten in de media van misstanden veroorzaakt door de allerslechtste voorbeelden uit de minderheidsgroepen, zoals een Mohammed B. of Samir A., én gebrek aan aandacht voor succesvolle rolmodellen, ontstaat er vanzelf een negatieve blik op de gemeenschap waar deze jongens deel van uitmaken. De beeldvorming in de media heeft als gevolg dat de afstand tussen Marokkaanse Nederlanders met de rest van de Nederlanders vergroot wordt. Dit komt niet ten goede aan het positief waarderen van diversiteit in onze samenleving. Zulke spanningen kan men enigszins temperen en voorkomen door op scholen positieve aandacht aan diversiteit en identiteit aan te bieden (zie bijlage 2: 'Geef culturele voorlichting op scholen').

Door met name de globalisering en immigratie is Nederland in de loop van de tijd een internationale haven geworden voor mensen vanuit bijna de hele wereld. Dit alles is niet onopgemerkt gebleven. Vaak ging het gepaard met conflicten, onbegrip, toenemende angst voor elkaar en meer wantrouwen. Het gevolg is dat sommige etnische groepen zich terugtrekken in hun vertrouwde omgeving, waardoor de problemen van de nieuwe generaties verergeren. Vandaar mijn oproep aan oudere Marokkanen om uit hun schulp te kruipen om radicalisering onder jongeren tegen te gaan (zie bijlage 3: 'Molukse lessen voor Marokkanen die radicaliseren').

De noodzaak tot extra aandacht voor diversiteit wordt de laatste tijd vooral ingegeven door politieke spanningen tussen 'oude en nieuwe Nederlanders'. De nieuwe Nederlanders – hiermee bedoel ik zowel de nakomelingen van de gastarbeidersgeneratie uit de jaren zestig als vluchtelingen – behoren in financieel en intellectueel opzicht tot de kwetsbaarste groepen in de Nederlandse samenleving. Zij komen veelal uit lage sociaal-economische milieus en hebben over het algemeen een zwakke positie in de samenleving. Deze Nederlandse situatie geldt voor heel Europa en vormt een groot contrast met de situatie in Amerika. Dit heeft te maken met verschil in omgang met nieuwe en oude immigranten in Amerika en Europa. De Amerikaanse overheid voert vanaf de allereerste immigratiegolven een totaal ander migrantenbeleid dan de Europese landen. Amerika kijkt heel anders tegen invulling van de eigen identiteit en diversiteit. Een nieuwe Amerikaanse burger krijgt bij aanvaarding van zijn Amerikaanse staatsburgerschap het advies om vast te houden aan de eigen oorspronkelijke cultuur. In Europa zijn de overheden meer gericht op integratie en assimilatie van de nieuwe Europeanen. (Zie voor meer informatie over verschillen tussen Amerika en Europa ten aanzien van identiteit en diversiteit bijlage 4: 'Amerika is een strenge vader, Europa een zorgzame moeder.')

Niet alle problemen onder allochtonen hebben te maken met hun achterstandspositie op het gebied van werk, inkomen, opleiding en de veelal slechte buurt waarin ze opgroeien. Deze sociaal-economische factoren dragen zeker bij aan verslechtering van een aantal knelpunten, zoals de vijf keer hogere werkloosheid onder tweedegeneratieallochtonen in vergelijking met autochtonen, maar veel problemen zijn ook cultuurbepaald. Zo stellen veel allochtone jongeren zich te bescheiden op tijdens sollicitatiegesprekken of slaan ze juist door in hun aangeleerd assertief gedrag. In het laatste geval komen ze te agressief over bij de werkgever en grijpen ze naast de baan. Sommige sollicitanten die zich hier niet bewust van zijn, schieten in een slachtofferrol door te wijzen naar discriminatie of racisme. Verder blijkt het respectvol liegen vaker voor te komen onder Marokkaanse en Turkse jongeren. Zie hiervoor bijlage 5: 'Respectvol liegen houdt verschil in strafmaat in stand' en bijlage 6: 'Culturele diversiteit in strafzaken.'

Gebrek aan positieve aandacht voor culturele diversiteit kan snel leiden tot vooroordelen, misverstanden en verkeerde diagnoses. Zo dringt in de medische wereld langzaam het besef door dat gezondheidsverschillen niet alleen zijn te verklaren door sociaal-economische factoren maar ook bepaald worden door cultuurverschillen. Overdrijven van klachten om serieus genomen te worden is in sommige culturen, zoals de Marokkaanse, Indonesische en Turkse cultuur, heel gewoon. Bij autochtone artsen die niet van deze cultuurverschillen op de hoogte zijn, kan dit irritatie oproepen. Een ander cultuurverschil is bijvoorbeeld het omgaan met autoriteit. Waar een autochtone Nederlander vaak vraagtekens zet bij wat autoriteiten zeggen, doen allochtone Nederlanders dat vanuit hun achtergrond veel minder. Blind vertrouwen op wat autoriteiten zeggen, zoals artsen, kan ernstige gevolgen hebben. Dit overkwam een Marokkaans ouderpaar uit Amsterdam die op aanraden van hun arts hun kind met ernstige benauwdheid alsnog mee naar huis namen. Twee dagen later moest het kind met grote spoed opgenomen worden omdat het leed aan een zware infectie.

1.2 Betekenis

Diversiteit is net als het begrip 'cultuur' een containerbegrip. Er zijn ontelbare definities geformuleerd die het begrip proberen te vangen. Voordat ik daar zelf een poging toe waag, wil ik eerst twee hardnekkige misverstanden over diversiteit in de praktijk aankaarten.

Het eerste misverstand betreft het begrip culturele diversiteit beperken tot 'het hebben van verschillende kleuren'. Deskundigen die zich beperken tot deze begripsomschrijving, geven een eenzijdige kijk op culturele diversiteit waarmee ze het zwart-witdenken instandhouden dat op termijn onherroepelijk leidt tot apartheid. Culturele diversiteit gelijkstellen met kleur of etniciteit is erg eng gedefinieerd, want diversiteit omvat veel meer dan dat. Ieder mens wordt door veel meer zaken blijvend beïnvloed dan alleen zijn huidskleur. Wanneer ik een vraagstuk op het gebied van diversiteit bespreek, dan gebruik ik aansprekende voorbeelden die de meeste professionals herkennen. Dat betekent dat de gesprekspartners in een casus kunnen verschillen in kleur – de een blank en de ander bruin bijvoorbeeld – maar het gaat altijd om mensen met een *diverse* culturele achtergrond. Dat iemand vanwege zijn etnische wortels een kleurtje heeft is slechts één van de dimensies die studies naar diversiteit over het algemeen onderscheiden. De andere dimensies liggen al bij de geboorte vast. Of je als jongen of meisje op de wereld komt bijvoorbeeld. Een aantal andere verschillen komt met de tijd, zoals verandering van leeftijd en het ontdekken van de seksuele geaardheid.

Het tweede misverstand met betrekking tot diversiteit is het uitgangspunt dat zowat alles eronder valt. Van wat je eet, wat je draagt tot welk boek je leest. Deskundigen die zich beperken tot deze begripsomschrijving, getuigen net zo van blikvernauwing. Niet alles op de wereld heeft namelijk een blijvende invloed op ons denken en doen. We hebben – gelukkig – meestal zelf invloed op wat we dagelijks eten, dragen en lezen.

Hoewel er geen overeenstemming bestaat over wat we precies onder diversiteit moeten verstaan, hebben studies ernaar één ding gemeen: ze nemen *verschillen* tussen mensen onder de loep. Ook in dit boek worden verschillen als uitgangspunt genomen. Zo beschouwd houdt *diversiteit zich bezig met het in kaart brengen van bestaande verschillen van structurele aard, die de identiteit van ieder van ons bepaalt, teneinde elkaar beter te begrijpen*. Het gaat dus om bestaande verschillen die structureel zijn, die de vraag van de zoektocht naar de eigen identiteit – 'wie ben ik?' – beantwoorden. Dit in tegenstelling tot de positie die iemand bereikt gedurende zijn leven of daden die hij of zij verricht. Zo verschillen de Amerikaanse loodgieter Joe en de Marokkaanse loodgieter Joemane, die allebei uit een arbeidersmilieu komen, door hun culturele achtergrond. Dit structurele verschil vormt onderdeel van hun identiteit en daar hebben ze helemaal niets voor hoeven te doen. Het beroep dat ze beiden uitoefenen hebben ze, gelet op hun ambities en mogelijkheden, door ondermeer hard studeren en/of werken verworven. Cultuur weegt als structureel verschil zwaarder dan klasse. Zo bekeken heeft Joe qua beleving van de eigen identiteit meer gemeen met een Amerikaanse arts dan met Joemane, de Marokkaanse loodgieter.

De wijze waarop mensen van elkaar verschillen zal ik toelichten aan de hand van zeven dimensies: *leeftijd, etniciteit, gender, lichamelijke en/of geestelijke gesteldheid, ras, seksuele geaardheid* en *klasse*.

Deze zeven dimensies kunnen in een getal, soort of categorie geduid worden. Zo wordt leeftijd uitgedrukt in jaren, maken we onderscheid tussen mannen en vrouwen, homo's en hetero's, mensen uit verschillende klasse of milieus en kunnen we etniciteit achterhalen door de ander te vragen naar de culturele wortels of land van herkomst, enzovoort. De dimensie 'ras' is ook meestal zichtbaar voor iedereen, omdat het genetisch bepaald is. Zo zien Chinezen er uiterlijk anders uit dan Arabieren en Europeanen anders uit dan Afrikanen, enzovoort. Van de zeven dimensies liggen de meeste vanaf de geboorte al vast. Voor de vierde dimensie 'lichamelijke en/of geestelijke gesteldheid gaat dat maar gedeeltelijk op. Een geestelijke of lichamelijke beperking kan aangeboren zijn of pas later door onder andere ongeluk, oorlogsleed, traumatische ervaring of ouderdomsverschijnselen ontstaan.

Vanuit deze zeven dimensies hanteren mensen bepaalde mens- en wereldbeelden die op hun beurt voor een groot gedeelte de manier van communiceren bepalen. Voordat ik daar nader op inga, geef ik een toelichting op de zevende dimensie 'ras', als exemplarisch voorbeeld van waartoe nadruk op raciale verschillen kan leiden. Ik licht deze dimensie eruit omdat het nog vaak voorkomt dat er in de media nadruk wordt gelegd op raciale verschillen. Dit heeft grote impact op de beeldvorming. Zo schilderden de media Obama tijdens de Amerikaanse presidentsverkiezingen in 2008 steevast af als de *zwarte* president. Dit, terwijl hij naast een zwarte Keniaanse vader ook een blanke Amerikaanse moeder heeft (zie bijlage 7: 'De leugen regeert over de kleur van Obama').

Ras en racisme

De dimensie 'ras' ligt gevoelig omdat het negatieve associaties oproept. Maar spreken over 'ras' is niet per definitie hetzelfde als racisme. Racistisch zijn uitspraken gebaseerd op zichtbare fysieke verschillen, bijvoorbeeld over huidskleur, stereotiepe beelden van lichaamskenmerken van het andere ras als doel om de eigen superioriteit te benadrukken en minachting voor de ander te tonen. Denk hierbij aan propaganda-afbeeldingen van de nazi's, zoals de jood met een zeer kromme neus. Bij racisme worden verschillen misbruikt om de ander op een niet-relevant kenmerk, zoals het hebben van een ander huidskleur of cultuur, te discrimineren.

In dit verband is het interessant om de definitie van racisme aan te halen zoals verwoord door de Tunesisch-Franse socioloog Memmi:

'Le racisme est la valorisation, généralisée et définitive, de différences, réelles ou imaginaires, au profit de l'accusateur et au détriment de sa victime, afin de justifier une agression ou un privilège.'

'Het racisme is de waardetoekenning, gegeneraliseerd en definitief, van werkelijke of denkbeeldige verschillen ten voordele van de aanklager en ten koste van zijn slachtoffer, teneinde zijn voorrechten of zijn agressie te rechtvaardigen.'

Volgens Memmi ontstaat racistisch gedrag wanneer mensen bestaande of uit de duim gezogen verschillen opblazen en deze van toepassing verklaren voor een veel grotere groep. Als voorbeeld noemt hij de negatieve waardetoekening door de kolonisator van het zwarte ras om hun overheersing te legitimeren. De kolonisator vond de zwarte aangeboren lui en dom en daarom tot slavernij veroordeeld. Hiermee legitimeerde de blanke overheerser zijn machtspositie en het idee dat hij zijn welvaart niet hoefde te delen met het minderwaardige zwarte ras. Overigens vat Memmi racisme ruimer op dan alleen het negatief generaliseren van het andere ras. Ook mensen met een andere culturele achtergrond, zoals joden, zijn regelmatig slachtoffer van racisme.

Racistische uitlatingen vind je terug in alle culturen en komen voor onder zowel zeer laagopgeleide mensen als internationaal bekende politici en vermaarde wetenschappers. Of een racistische uitspraak als zodanig bestempeld wordt, ligt ondermeer aan de mate waarin de autoriteiten en machthebbers erin slagen om het eigen volk of de eigen groep ervan te overtuigen dat ze unieker zijn dan anderen. Toen de toenmalige rechtse premier Nakasone van Japan in 1986 de wereld schokte met zijn uitspraak dat Amerika's intellectuele ontwikkeling geremd werd door de aanwezigheid van zwarten en Mexicanen, keken de conservatieve Japanners daar niet van op. In Japan worden de superioriteitsgevoelens gecultiveerd door zeer nationalistische publicaties en propaganda. Dat gebeurt soms ook met behulp van Hollywood, zoals in de film *The Last Samurai*. In deze film, met in de hoofdrol Tom Cruise, worden de oude Japanse deugden verheerlijkt. Om de Japanse uniekheid te bewijzen is in Japan een aparte wetenschap, *nihonjinron*, in het leven geroepen waarin onderzoekers Japanse schedels vergelijken met buitenlandse schedels om aan te tonen hoe bijzonder Japanners zijn. (Bron: 'Nakasone vertolkt superioriteit Japan', *de Volkskrant* 26 september 1986.)

Problemen, irritaties, ruzies en misverstanden op het gebied van ras worden vooral veroorzaakt door onwetendheid of domheid. Onwetendheid is te bestrijden met beter onderwijs en goede voorlichting, maar tegen domheid is geen enkel kruid gewassen. Stereotyperingen van het andere ras worden in verschillende sensatiebeluste media nog steeds gebruikt. En rassentheorieën worden tot in deze moderne tijd in stand gehouden door sommige hedendaagse wetenschappers, zoals James Watson. Als aanhanger van het sociaal-darwinisme gaat Watson ervan uit dat de zwarte mens vanwege de natuurlijke selectie minder behept is met intelligentie dan de blanke mens (zie bijlage 8: 'Jezelf superieur voelen leidt altijd tot rampen').

Zolang mensen onderscheid maken in rasverschillen, kunnen we niet spreken van ras als een achterhaald begrip door het te laten vallen onder 'etniciteit'. Er is een duidelijk verschil tussen de dimensies ras en etniciteit. Terwijl ras zich beperkt tot datgene wat zichtbaar is voor iedereen – zoals een andere huidskleur – is etniciteit behalve op afkomst óók gebaseerd op gevoel. Een jongen die in Nederland geboren en getogen is in een Turks gezin, kan zich later meer Turks voelen dan Nederlands. Echter, een jongen met een negroïde uiterlijk, wiens ouders uit Suriname komen, maar die zelf geen enkele band voelt met Suriname, kan nooit zeggen dat hij blank is ook al is hij in zijn doen en laten door en door blank.

Ras is een gegeven en etniciteit is behalve gebaseerd op etnische wortels ook een kwestie van het gevoel van thuishoren bij een bepaalde groep. Geboren worden met een ander raskenmerk speelt nog steeds een rol in bijvoorbeeld de mediawereld. Het heeft zelfs invloed op het koopgedrag van sommige consumenten. Zo vermijden modebladen zoveel mogelijk zwarte vrouwen op hun cover, omdat ze slechter zouden verkopen, zelfs in grote steden die qua samenstelling donker gekleurd zijn. (Bron: 'Een zwarte vrouw op de cover verkoopt slecht' *Trouw*, 19 augustus 2008.)

De zeven dimensies die ons van elkaar onderscheiden, bepalen samen voor het grootste deel welk wereld- en mensbeeld we hanteren. We dragen de sporen van de zeven dimensies ons hele leven lang met ons mee. In de volgende paragraaf ga ik daarom in op verschillende wereld- en mensbeelden en welk effect deze beelden sorteren op onze communicatie met de ander.

1.3 Wereldbeelden

Ik onderscheid grofweg twee wereldbeelden die van invloed zijn op ons denken en doen. Hoe ons wereldbeeld direct ons mensbeeld beïnvloedt, komt in paragraaf 1.4 aan de orde. Het hebben van een wereldbeeld heeft gevolgen voor de omgang met de ander. In mijn boek *Cultuurbepaalde communicatie* (Azghari 2005, p.18, 30) maak ik onderscheid tussen Plato-georiënteerde culturen aan de ene kant en Aristoteles-georiënteerde culturen aan de andere kant. Plato-georiënteerde culturen zijn nu vooral dominant in de oosterse wereld. Aristoteles-georiënteerde culturen zijn nu overwegend dominant in de westerse wereld. Op het fresco 'De Atheense school' van Rafaël is dit verschil in wereldbeeld zichtbaar (zie http://nl.wikipedia.org/wiki/Aristoteles). Op het schilderij wijst Plato zijn vinger naar de hemel en wijst Aristoteles met zijn handpalm naar beneden. Terwijl Plato geloofde dat er meer is tussen hemel en aarde en dat we niet alles kunnen waarnemen, wijst Aristoteles hem terug naar de aarde. Volgens Aristoteles moeten we bij het beoefenen van wetenschap ons vooral beperken tot datgene wat onderzoekbaar en verifieerbaar is: zaken die we kunnen waarnemen en kunnen verklaren met ons verstand.

Zoals hun kijk op de wereld van elkaar verschilt, zo verschillen ook op een continuüm leden van Plato-georiënteerde culturen en leden van Aristoteles-georiënteerde culturen van wereldbeeld. Mensen onderscheiden zich namelijk in de mate dat ze denken het eigen lot helemaal, enigszins, weinig of niet te kunnen sturen of controleren. In Plato-georiënteerde culturen leggen mensen vaker hun lot in handen van een hogere autoriteit of opperwezen(s). Culturen waar de kijk van Plato dominant is, noem ik *passieve* culturen omdat de leden ervan de neiging hebben zich neer te leggen bij wat hun lot brengt. Zij gaan ervan uit dat hun invloed op hun geluk, de ander en hun omgeving beperkt is. Culturen waar de kijk van Aristoteles overheerst, noem ik *actieve* culturen. Dit, omdat de cultuurdragers ervan wel geloven dat ze invloed hebben op wat ze overkomt.

Deze twee verschillende wereldbeelden beïnvloeden de manier van communiceren. Als we ons beperken tot welke invloed de kijk van Plato of Aristoteles heeft op de communicatie, komen we tot opmerkelijke verschillen. In passieve, vormgerichte culturen is de vorm van de boodschap belangrijker dan de inhoud. *Hoe* je iets zegt is belangrijker dan *wat* je zegt. In deze culturen vormt *respect* een dominante kernwaarde. In actieve, inhoudsgerichte culturen is de inhoud van de boodschap belangrijker, dus *wat* je zegt is meer van belang dan *hoe* je iets zegt. In deze culturen vormt *vrijheid* de dominante kernwaarde. Zie tabel 1 voor een overzicht van kenmerken van inhoudsgerichte culturen – vooral dominant in de westerse wereld – en vormgerichte culturen – vooral dominant in Aziatische landen en de islamitische wereld.

Tabel 1 *Kenmerken van inhoudsgerichte culturen en vormgerichte culturen.*

INHOUD	VORM
Directe communicatie	Indirecte communicatie
Ik denk, dus ik besta (ratio)	Ik voel, dus ik besta (geloof)
Nadruk zichtbare wereld	Nadruk onzichtbare wereld
Nadruk inhoud religiebeleving	Nadruk vorm religiebeleving
Verantwoordelijkheid delen	Verantwoordelijkheid in 1 hand
Gelijkheid	Gehoorzaamheid
Openheid	Geslotenheid
Onafhankelijkheid belangrijker	Loyaliteit aan de groep belangrijker
Zelfstandigheid hoog	Afhankelijkheid hoog
Gericht op lichaam/materie	Gericht op ziel/geestelijke toestand
Mondigheid hoog	Mondigheid laag

Ongeduld	Geduld
Eigen individuele mening eerst	Eigen groepsmening eerst
Waarheid als doel	Waarheid als middel
Confrontatie (debat)	Harmonie (conversatie)
Vrijheid belangrijker	Broederschap belangrijker
Eigen belang	Algemeen belang
Gericht op vernieuwing	Gericht op het oude (traditie)
Gezicht naar de toekomst	Gezicht naar het verleden

Dat de oosterse wereld meer vormgericht is, blijkt ook uit mijn ervaring in Qatar begin 2009, waar driehonderd moslims bij elkaar kwamen om met elkaar in discussie te gaan, maar vanwege hun keuze voor respect boven vrijheid moeite hadden om te debatteren. Zie hiervoor bijlage 9: 'Jonge moslims op zoek naar "change".'

Het verschil tussen Plato-georiënteerde en Aristoteles-georiënteerde culturen wordt nog beter zichtbaar wanneer we de twee uitersten binnen deze culturen uitvergroten.
Iemand uit een zeer extreem Plato-georiënteerde cultuur gelooft dat je niets kunt veranderen aan je lot. Met dit wereldbeeld geloven mensen dat je de omgeving niet naar eigen hand kunt zetten en ben je ook niet verantwoordelijk voor je eigen geluk. In de praktijk betekent dat iemand uit deze groep geen enkele moeite doet om iets te willen beïnvloeden. Dit geldt ook voor een gesprek met de ander. Een geslaagde communicatie is vanuit de Plato-georiënteerde optiek een kwestie van toeval, van bovenaf gestuurd, te danken aan God, omdat het lot je gunstig gezind is, enzovoort. In ieder geval ligt het wel of niet slagen van de communicatie niet direct aan de inspanning van de gesprekspartners. Loopt een gesprek niet zoals verwacht, dan heeft het zo moeten zijn. Het heeft geen zin om je te verdiepen waar het precies aan ligt. Leven in harmonie met de natuur is meestal het credo.

Op een schaal 'invloed op het eigen lot' van 0 tot 100% (zie figuur 1) staat deze groep op 0%, omdat leden van extreem Plato-georiënteerde culturen geloven geen enkele controle te hebben over hun eigen lot. Zij geloven dat er maar beperkte keuzemogelijkheid is om je eigen leven richting te geven. Een belangrijke indicator waaraan je ziet dat leden extreem Plato-georiënteerd zijn, is de grootste eerbied voor tradities en geloof in bemiddeling door hogere autoriteiten of machten. Uithuwelijken is daar een concreet voorbeeld van.

Iemand uit een zeer extreem Aristoteles-georiënteerde cultuur gelooft dat je je lot totaal in eigen handen hebt. Mensen met dit wereldbeeld geloven dat je de omgeving wel degelijk kunt veranderen naar eigen inzicht en dat je verantwoordelijk bent voor je eigen geluk. Verder denken ze dat het wel loont om via allerlei acties bijvoorbeeld een gesprek gunstig te beïnvloeden. Iemand uit deze groep laat de communicatie zo min mogelijk over aan het toeval. Als een communicatie slaagt, dan is dat dankzij hun eigen inzet en goede voorbereiding. Slaagt deze niet, dan zijn daar achteraf allerlei logische redenen voor aan te voeren. Ze stellen verbeterpunten voor en houden daar in het vervolg rekening mee.

Op de schaal 'invloed op het eigen lot' van 0 tot op 100% (zie figuur 1), staat deze groep op 100% omdat leden van extreem Aristoteles-georiënteerde culturen wel controle denken te hebben over het eigen lot. Zij geloven in onbeperkte keuzemogelijkheden om je leven zelf richting te geven. Leden van extreem Aristoleles-georiënteerde culturen vinden dat ieder individu zelf verantwoordelijk voor het eigen geluk is en dat de autoriteiten zich zo min mogelijk moeten bemoeien met de inhoud van hun leven. Zij willen zelf de controle houden over hun leven en plannen daarom alles zelf van de wieg tot het graf. Een lid van deze cultuur zal zich bij voorkeur via verzekeringen willen indekken tegen eventueel naderend onheil.

Uiteraard zijn er tussen deze extreme polen van 0 en 100 allerlei variaties mogelijk van leden uit zowel Plato- als Aristoteles-georiënteerde culturen die veel genuanceerder denken over het controleren en besturen van het eigen lot. Daarom spreek ik van een glijdende schaal.

In figuur 1 is een schematisch overzicht gegeven van de glijdende schaal 'invloed op het eigen lot'. Op de x-as staat de mate van invloed op het eigen lot en aan weerszijden staan de twee dimensies van Plato en Aristoteles.

Figuur 1: *Schaal 'invloed op het eigen lot' en de dimensies van Plato en Aristoteles.*

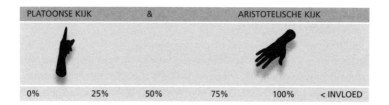

Aan de ene kant van de glijdende schaal staat de 0%-groep. Deze is fatalistisch en zegt: 'Alles is van tevoren bepaald, het heeft geen zin om in te grijpen in de (almachtige) natuur.' Aan de andere kant van de schaal bestaat bij de 100%-groep het idee dat de hele wereld aan hun voeten ligt: 'Iedereen wordt geboren als een onbeschreven blad, het ligt aan jou wat je van je leven bakt.'

De visies op hoe we ons moeten verhouden met onze omgeving en medemens kunnen hevig met elkaar botsen. Ik geef hier een voorbeeld van aan de hand van uitspraken in de media van twee bekende Nederlanders: Abkader Chrifi, auteur van het boek *Het succes ligt op straat* en Mark Huizinga, oud-Olympisch kampioen judo. Hun uitspraken in de Nederlandse media representeren precies de twee extreme polen. Laat ik eerst Abkader citeren uit zijn interview (*NRC Handelsblad*, 25 januari 2008):

'Ik ben geen Nederlander, want ik word maatschappelijk niet geaccepteerd. Maar ik ben ook geen Marokkaan, want te westers. Ik gaf de schuld van mijn ellende aan iedereen, aan Nederland, aan mijn vader die me hier had gebracht en aan het onderwijs. Ik was het slachtoffer en had medelijden met mezelf.'

Abkader zocht de schuld van zijn ellende buiten zichzelf. Dat past bij mensen die geloven dat ze zelf geen enkel grip hebben op hun eigen lot en succes.
Hier tegenover staan de uitspraken van Mark Huizinga. Na zijn vroegtijdige uitschakeling op de Olympische spelen van Peking in 2008 zei hij bij zijn afscheidsinterview in *Trouw* van 14 augustus 2008:

'Ik leef alsof alles maakbaar is. Dat wil ik niet meer. Het was heel gestructureerd. Als ik opstond wist ik al precies wat ik ging doen. En ook wat ik vijf maanden later zou gaan doen. Altijd was er een uitdaging, maar ik wil geen uitdaging meer. Ik wil nu op de bank gaan liggen en me vervelen.'

Beide manieren van denken hebben de loop van hun leven voor een groot deel beïnvloed. Mark Huizinga heeft zowat alle prijzen gewonnen die een judoka kan halen. Daar heeft hij heel hard voor getraind en geknokt. Nu wil hij het roer omgooien en kijken wat er gebeurt. Abkader heeft met zijn slachtoffergedrag zichzelf nog dieper in de put gebracht. Hij raakte als junkie alles en iedereen kwijt. Pas toen hij in een antroposofisch huis vrijuit kon praten over zijn ervaringen heeft hij zijn verslaving en gevoel van minderwaardigheid kunnen overwinnen. Na zijn genezing van zijn verslaving geeft hij een waardevolle tip mee aan de Marokkaanse gemeenschap: 'Niet meer het slachtoffer spelen en anderen de schuld geven.'

Het antwoord op de vraag 'in welke mate heb je invloed op je lot?' heeft direct invloed op wat voor mensbeeld je hanteert in de omgang met de ander. In een land als Amerika waar de Amerikaanse droom – het geloof dat je van krantenjongen miljonair kunt worden – nog springlevend is, zijn er verhoudingsgewijs meer mensen die hoog scoren op het domein van Aristoteles. Zij geloven dat je door hard te werken welvarend en succesvol kunt worden. Dit blijkt ook uit mijn bevindingen onder Amerikaanse studenten in de afgelopen twee jaar. Telkens wanneer ik deze vraag voorlegde, scoorden ze op de schaal tussen 75 en 100%. Nederlandse studenten scoorden altijd iets lager dan de Amerikaanse studenten, maar zij scoorden nog altijd hoog op het domein van Aristoteles, tussen de 60% en 90%.
Vergelijk ik het met mijn bevindingen onder studenten uit Syrië en Marokko in dezelfde tijdsperiode, dan is er een opmerkelijk verschil te zien. Deze studenten scoren juist meer op het domein van Plato. De hoogste scores bevonden zich tussen de 35 en 60%. Kennelijk hechten ze in Syrië en Marokko veel minder geloof aan de Amerikaanse droom en is men geneigd om meer aan het lot, toeval of hogere macht over te laten.
Natuurlijk zijn er altijd leden, afkomstig uit een extreem Plato-georiënteerde samenleving, die hierop een uitzondering vormen. De Koerdische Hawber Abdullah, die in 2005 een bronzen plak won bij

het WK kickboksen in Marokko, is zo'n uitzondering. Maar ook hij is in een interview met *Trouw* op 25 oktober 2008 zeer kritisch ten aanzien van zijn eigen jonge landgenoten:

'Er komen hier nu langzaam prachtige sportscholen, maar er zijn bijna geen jongens die echt keihard willen werken. Ze willen geld en luxe, maar zijn lui , lamlendig, afwachtend, lethargisch.'

1.4 Mensbeelden, levenshouding en invloed op de communicatie

Hoe we door onze dominante culturele achtergrond aankijken tegen het sturen en controleren van het eigen lot – en daarmee ook het eigen geluk – heeft invloed op de manier waarop we onze medemens zien en bejegenen. In het dagelijks leven passen we ons gedrag daarop aan. Er bestaan verschillende visies op het gedrag van de mens. Elke visie vertegenwoordigt een psychologische stroming en is gebaseerd op een mensbeeld. Uit deze mensbeelden zijn verschillende strategieën, modellen en methodieken voor sociale professionals ontwikkeld om hun cliënten te helpen omgaan met of het oplossen van hun problemen. In deze paragraaf werk ik drie bekende mensbeelden uit:
- de mens als dier;
- de mens als machine;
- de mens als computer.

Telkens geef ik in het kort aan wat de invloed is van het mensbeeld op de communicatie. Tot slot introduceer ik een nieuw mensbeeld, de mens als boom. Omdat dit beeld niet aansluit bij de bestaande psychologische stromingen, licht ik het toe aan de hand van de extra dimensie van diversiteit, *'spiritualiteit'*, die in paragraaf 1.5 aan de orde komt.

De mens als dier

Als je de mens ziet als een dier dat in zijn onderbewustzijn gedreven wordt door zijn instincten en beheerst wordt door verborgen gevoelens en wensen, zoals de bekende psycholoog Sigmund Freud beweerde, dan is zijn gedrag te allen tijde onvoorspelbaar. In dit mensbeeld ga je ervan uit dat de mens niet altijd de controle heeft over zijn gedachten en gedrag. Een mens die geleid wordt door onbeheersbare innerlijke krachten en daar geen vat op heeft, kan behoorlijk ziek worden. In extreme gevallen kan het leiden tot innerlijke conflicten of psychische klachten, zoals depressies en angsten. Om hiervan te kunnen genezen moeten we volgens de leer van psychoanalyse vrij baan geven aan al onze onbewuste gedachten. Alleen op die manier kunnen we ze een betekenis en plaats geven.

Veel methodieken die vanuit dit mensbeeld zijn ontwikkeld, geven de cliënten alle ruimte om te praten over wat hen allemaal bezighoudt. De therapieën zijn meestal gericht op het *daar en toen*. Om een volledig zicht te hebben op het ontstaan van mogelijke knelpunten, betrekt men het verleden erbij. Belangrijke randvoorwaarden voor dit soort therapieën zijn ontspanning en een veilige omgeving zodat de cliënt zich over kan geven aan de vrije associatie.

Laten we om de invloed van dit bovenstaande mensbeeld als voorbeeld een cliënte van 28 jaar nemen die geen 'nee' kan zeggen en daar last van heeft. De cliënte werkt als secretaresse bij een grote academie op een hogeschool. Ze krijgt veel werk op haar bureau dat niet tot haar takenpakket behoort. Ondertussen moet ze telefoontjes opnemen en afspraken regelen voor haar directeur. Omdat ze moeilijk 'nee' kan zeggen, komt zij bijna om in het werk. Zo kan ze regelmatig niet goed slapen en wordt depressief. Om te voorkomen dat ze verder in de put terechtkomt, raadt een goede vriendin haar aan om een afspraak te maken met een maatschappelijk werkster. Stel nu dat deze professional een mens-als-dier-mensbeeld heeft. De maatschappelijk werkster zal eerst proberen te achterhalen of de cliënte lekker in haar vel zit en waar haar depressieve buien vandaan komen. Zij gaat zich helemaal inleven in haar cliënte en probeert op die manier te achterhalen wat haar vanaf welke leeftijd precies dwarszat om zo haar emoties in kaart te brengen. Het kan zijn dat de maatschappelijk werkster er na het graafwerk in het verleden van de cliënte achter komt dat zij niet de aangewezen persoon is om haar verder te helpen. In dat geval stuurt ze haar door naar een psycholoog of psychiater.

LEVENSHOUDING EN INVLOED OP DE COMMUNICATIE (DIER)

Het mens-als-dier-mensbeeld impliceert dat je op je hoede en alert moet zijn voor het gedrag van de ander. Als je ervan uitgaat dat de mens onvoorspelbaar is en dat hij zijn gedrag meestal niet onder controle heeft, dan weet je immers niet voor welke verrassingen je kunt komen te staan.

Een jonge Marokkaan met dit mensbeeld zal om die reden niet raar opkijken – laat staan boos worden – wanneer zijn Marokkaanse vriend zonder opgaaf van reden een ontmoeting afzegt. Hij heeft het immers van tevoren zien aankomen, want mensen met een mens-als-dier-mensbeeld, zoals hij, zijn vaker wantrouwend en afwachtend in hun houding ten aanzien van de medemens.

Professionals met dit mensbeeld zijn in hun communicatie zeer gevoelig voor allerlei verborgen boodschappen en signalen. Ze letten niet zozeer op wat iemand inhoudelijk zegt, maar kijken vooral naar hoe iets gezegd word, welk gedrag daarmee gepaard gaat, wat de ander precies beweegt en welke boodschappen via houding en gebaren gecommuniceerd worden. Deze professionals stellen zich vaak uiterst flexibel op. Zij geloven doorgaans niet dat kennis en kunde alleen toereikend zijn om het gedrag van hun cliënten van tevoren te voorspellen. Zij moeten het meer hebben van een groot *invoelingsvermogen,* dat ze door ervaring met verschillende doelgroepen perfectioneren. Door te proberen als het ware in de huid te kruipen van de ander, willen ze de ander beter begrijpen en doorgronden. Daarvoor is wel nodig dat men zich verdiept in het verleden van de cliënt, vooral in wat op hem of haar *toen* en *daar* indruk heeft gemaakt. Behalve dat mensen met zo'n mensbeeld dagelijks worden gestimuleerd in hun inlevingsvermogen en flexibiliteit kan het soms ook leiden tot sceptische gedachten over de ander, cynisme of fatalisme.

Met het mensbeeld 'de mens als dier' is de communicatie gericht op wat de mens innerlijk beweegt door inzet, empathie en openstaan voor het onbewuste en spontaan gedrag.

Je herkent mensen met dit mensbeeld doordat ze in de communicatie vaker graven in het verleden van de ander en doorvragen bij gevoelens. Vragen die bij dit mensbeeld horen zijn: 'vertel, wat heb je zoal meegemaakt?' en 'hoe voel je je?'

De mens als machine

Als je de mens als een machine ziet en behandeld, zoals aanhangers van het *behaviorisme* doen, dan is elk menselijk gedrag voorspelbaar. In hun optiek is ieder gedrag aangeleerd en kan het dus ook afgeleerd worden. Dit beeld vormt een groot contrast met het mens-als-diermensbeeld. Daarom is het niet vreemd dat behavioristen geen enkel geloof hechten aan de effectiviteit van methodieken die gebaseerd zijn op het mens-als-dier-mensbeeld. Behavioristen willen alleen die gedragingen onderzoeken die iedereen kan waarnemen. Iemand met bepaald ongewenst gedrag kan in deze optiek het beste geholpen worden door hem of haar ander of nieuw gedrag aan te leren.

Volgens dit mensbeeld is het een kwestie van weten wanneer je op welke knoppen moet drukken voor het gewenste resultaat. Het idee van de mens als machine veronderstelt dat als je eenmaal de juiste gebruiksaanwijzing kent je het gedrag van de ander zelfs kunt sturen, manipuleren of conditioneren. Om inzicht te krijgen in de werking van het menselijk gedrag en het te kunnen voorspellen is het noodzakelijk om kennis te verzamelen door middel van gecontroleerde onderzoeken. Deze kennis van beïnvloeding en conditionering kan op basis van experimenten in laboratoria of door observaties verkregen worden. Een beroemd experiment is dat van Pavlov. Hij conditioneerde een hond zo dat deze het gerinkel van een bel associeerde met eten. Zodra hij de bel hoorde, ging de hond kwijlen – ook als na de bel geen eten volgde. De methodieken die op deze visie zijn gebaseerd zijn actiegericht en op het *hier en nu* gericht. Men focust dus niet op wat de cliënt voeger niet kon of waar hij last van had, maar op de nieuwe mogelijkheden. De professional met dit mensbeeld leert zijn cliënten bijvoorbeeld nieuwe vaardigheden aan.

LEVENSHOUDING EN INVLOED OP DE COMMUNICATIE (MACHINE)
Mensen met 'een mens-als-machine-mensbeeld zijn in het algemeen optimistisch van aard en geloven in een maakbare samenleving. Ongewenst, fout of afwijkend gedrag kan meestal het beste bestreden worden door het aanleren van nieuwe en juiste vaardigheden. Door de juiste acties te ondernemen, zoals mensen belonen of complimenten geven voor nieuw gedrag, kan gedrag geconditioneerd worden. Ook kleine ongemakken, zoals wanneer iemand niet assertief genoeg is, kunnen hiermee hersteld worden.

Om aan te sluiten bij het voorbeeld van de cliënte die geen 'nee' kon zeggen zou het aanbieden van een op maat gesneden assertiviteitstraining de oplossing zijn van de maatschappelijk werkster met zo'n mensbeeld. Professionals met mens-als-machine-mensbeeld gaan altijd af op wat ze zien aan gedrag. Zij baseren bijna al hun oordelen en trekken conclusies louter op basis van wat ze met hun zintuigen kunnen waarnemen, zijn erg gericht op het ondernemen van acties en proberen gedrag dat problemen of remmingen veroorzaakt om iets te bereiken, te veranderen in nieuw gedrag.

Over het algemeen vertonen Amerikanen meer behavioristisch gedrag dan Europeanen doordat ze vaker vragen *'wat doe je?'* dan *'waarin geloof je?'* De eerste vraag is gericht op acties die iedereen kan zien, en de tweede vraag op introspectie en reflectie. In het tweede geval gaat het om de beleving van wie je bent die niemand kan zien of controleren. Aanhangers van het mens-als-machine-mensbeeld geloven dat ze met gerichte acties mensen kunnen beïnvloeden.

Met het mensbeeld 'de mens als machine' is de communicatie gericht op vergroten van de eigen competenties door opdoen van extra kennis en aanleren of verbeteren van (nieuwe) vaardigheden.

Je herkent mensen met dit mensbeeld doordat ze in de communicatie meer belangstelling hebben voor wat iemand op dit moment doet en welke doelen die nastreeft. Vragen die bij dit mensbeeld horen zijn: 'vertel, wat doe je?' en 'wat wil je doen?'

De mens als computer

Het mens-als-computer-mensbeeld sluit aan bij het *cognitivisme*. Eigen aan computers is dat ze op programma's lopen. Deze programma's zijn voor een leek niet te zien en ook niet te begrijpen. Dat hoeft ook niet zolang de computer doet waarvoor hij gemaakt is. Zo bezien is het gedrag van mensen voorspelbaar zolang programma's niet haperen of kapot gaan. Professionals met dit mensbeeld wijten onvoorspelbaar gedrag aan het hebben van verouderde software of het bestaan van een virus in het programma. In beide gevallen dient men de nieuwste software te installeren of helemaal te herschrijven. Professionals met dit mensbeeld geloven in verandering van gedrag en mentaliteit via (her)opvoeding en bewustmaking van ingesleten negatieve gedachten die mensen remmen in hun ontwikkeling.

LEVENSHOUDING EN INVLOED OP DE COMMUNICATIE (COMPUTER)
Een maatschappelijk werkster met een mens-als-computer-mensbeeld zal het probleem van haar cliënte die geen 'nee' kan zeggen tot in details analyseren. Zij zal niet meteen gaan graven in haar verleden of meteen een assertiviteitstraining aanbieden om het probleem op te lossen. Zij wil eerst achterhalen waardoor dat gedrag veroorzaakt wordt. Het doel is om uit te zoeken waar het dieperliggende probleem, dat er ondermeer toe leidt dat ze geen 'nee' kan zeggen, zich bevindt. Het kan zijn dat de cliënte die geen 'nee' kan zeggen slechts een uiting laat zien van een veel omvattender negatieve gedachte, die haar leven beheerst. Het kan zijn dat haar instelling 'ik wil graag dat iedereen me aardig vindt' haar hele leven beheerst en dat ze daardoor moeilijk 'nee' kan zeggen. Als de cliënte zich hiervan bewust wordt, kan zij er eventueel aan werken. In het geval van de cliënte die geen 'nee' kan zeggen zal de maatschappelijk werkster haar negatieve stelling ombuigen in een andere (positievere) stelling, zoals 'door te accepteren dat niet iedereen me aardig vindt, kan ik meer mezelf zijn.'

Met het mensbeeld 'de mens als computer' is de communicatie gericht op bewustwording van vanzelfsprekendheden door logische verklaringen en dieperliggende structuren te ontdekken.

Je herkent mensen met dit mensbeeld doordat ze in de communicatie veel doorvragen naar wat iemand gelooft om te achterhalen welke waarden of visies ten grondslag liggen aan zijn gedrag. Vragen die bij dit mensbeeld horen zijn: 'vertel, waarin geloof je?' en 'wie of wat inspireert je?'

De mens als boom

Hoewel de 'mens als boom' als metafoor niet geworteld is binnen één afgebakende psychologische stroming, wil ik hem graag introduceren. Dit doe ik vooruitlopend op de behandeling van 'spiritualiteit' als een aparte dimensie binnen diversiteit. Het mens-als-boom-mensbeeld komt op één punt overeen met het humanisme, namelijk de opvatting dat mensen met hun verhalen uiteindelijk zelf betekenis geven aan wat ze waarnemen of meemaken. Echter, op een ander punt verschilt dit mensbeeld hemelsbreed met het humanisme. Volgens de 'mens als boom' wordt de mens niet centraal gesteld. De verhalen of problemen van mensen beginnen dus niet altijd met 'ik', maar meestal met 'wij'. Mensen met dit mensbeeld concentreren zich niet alleen op het welzijn van het individu en zijn persoonlijke verhalen. Ze vinden het ontrafelen van zijn relaties, omgevingsfactoren en de condities waarin een bepaald individu leeft en opereert veel belangrijker. In feite komt deze mensvisie erop neer dat het individu pas betekenis krijgt en kan opbloeien als zijn relaties en omstandigheden ideaal zijn. Een professional met dit mensbeeld zal zijn energie dus niet steken in één enkel individu, maar zal kijken of de omstandigheden waarin hij leeft gunstig zijn te beïnvloeden. Dat kan door een individu nieuwe kansen, perspectieven te bieden of te introduceren in nieuwe netwerken, die hem behulpzaam kunnen zijn. Net als een boom is ook de mens afhankelijk van het klimaat en de grond waarin hij geplant wordt. Professionals met een mens-als-boom-mensbeeld zijn geneigd om eerst te kijken naar het verbeteren van condities alvorens men aan de slag gaat met het gesignaleerd probleem van het individu. Dit vergt veel geduld en bescheidenheid.

LEVENSHOUDING EN INVLOED OP DE COMMUNICATIE (BOOM)
Vanuit het mens-als-boom-mensbeeld zal een maatschappelijk werkster die een cliënt begeleidt die geen 'nee' kan zeggen eerst proberen de context van haar cliënt in kaart te brengen. Alle vragen die de maatschappelijk werkster stelt, zijn gericht om te achterhalen in wat voor setting en onder welke condities de cliënte leeft. Vragen die aan bod komen zijn onder andere: *'Waar woon je? Wie ben je? Hoe zit je netwerk van relaties eruit? Bij wie kun je om hulp vragen in geval van problemen?'* Deze vragen zijn bedoeld om de omgeving waarin het individu zich beweegt in kaart te brengen. Stel dat de maatschappelijk werkster erachter komt dat het gedrag van haar cliënt (= geen 'nee'-zeggen) heel normaal is in het milieu waarin ze opgegroeid is. Dan zou ze kunnen concluderen dat haar gedrag dus cultuurbepaald is. Het probleem is dat dit normale gedrag in de nieuwe setting, Nederland, niet altijd begrepen of gewaardeerd wordt. De cliënte zal dus hulp moeten krijgen van mensen die haar daarbij kunnen begeleiden. Een manier zou kunnen zijn dat ze nieuwe relaties aanknoopt met mensen die wel 'nee' kunnen zeggen. Als dat een brug te ver is voor de cliënte, dan zou ze een buddy of coach kunnen krijgen die

helpt. Alle acties zijn gericht om zich beter te kunnen aan de nieuwe omgeving. Voor de communicatie geldt hetzelfde principe; niet wat iemand zegt telt, maar van belang is of iemand vrij is te zeggen wat hij wil, tegen wie hij het zegt, hoe en in welke setting.

Met het mensbeeld 'de mens als boom' is de communicatie gericht op het aanknopen van nieuwe relaties en het aanpassen aan de nieuwe omgeving door verzamelen van relevante omgevingsfactoren.

Je herkent mensen met dit mensbeeld doordat ze in de communicatie erop gericht zijn om te weten in welke omgeving de ander is opgegroeid en over welke netwerken de ander beschikt. Vragen die bij dit mensbeeld horen zijn: 'wie ben je', 'waar woon je' en 'wie ken je?'

Mensbeelden: Plato of Aristoteles

In figuur 2 is weergegeven welk mensbeeld bij welk wereldbeeld past (zie daarvoor figuur 1: schaal *'invloed op het eigen lot'* en de dimensies van Plato en Aristoteles).
A. 'Mens als dier' is extreem Plato-georiënteerd: de mens wordt bestuurd door onbewuste emoties.
B. 'Mens als machine' is extreem Aristoteles-georiënteerd: de mens kan zichzelf besturen als hij maar extra kennis opdoet en nieuwe vaardigheden leert.
C. 'Mens als computer' is gematigd Aristoteles-georiënteerd: de mens kan zichzelf pas een beetje besturen als hij ontrafelt welke verborgen mechanismen hem beïnvloeden of in beweging brengen.
D. 'Mens als boom' is gematigd Plato-georiënteerd: de mens wordt voor een groot deel bestuurd door zijn omgevingsfactoren en de kansen die hem geboden worden.

Figuur 2: *Wereldbeeld, mensbeeld en communicatie.*

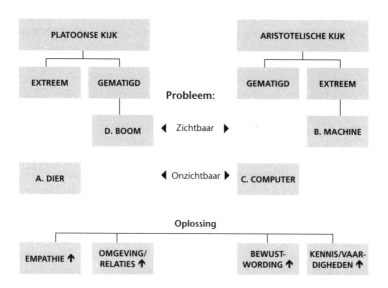

Uit figuur 2 blijkt ook in welke richting men de oplossing zoekt voor een probleem in de communicatie. Zo zal iemand met een mens-als-dier-mensbeeld een verbeterd empathisch vermogen nodig hebben om het op het oog onzichtbaar probleem op te kunnen lossen. Daarentegen zal iemand met een mens-als-machine-mensbeeld via vermeerdering van kennis en verbeteren van vaardigheden het zichtbare probleem uit de wereld willen helpen. Mensen met een mens-als-boom- of mens-als-computer-mensbeelden zoeken de oplossing respectievelijk in het verbeteren van omgevingsfactoren en/of relaties enerzijds en bewustwording van vanzelfsprekendheden anderzijds.

Uiteraard bestaan er meerdere mensbeelden. Sommigen hanteren een totaal ander mensbeeld in de privé-sfeer dan op het werkdomein. Daarnaast zijn er ook mensen die in de loop van de tijd van mensbeeld veranderen, mixen of naast elkaar gebruiken, afhankelijk van de situatie. Om te ontdekken wat iemands mensbeeld is, kun je letten op de volgende zaken.

- De vragen die iemand stelt. Vragen die gericht zijn op de emoties van de ander, passen bij het mens-als-dier-mensbeeld; vragen naar wat iemand feitelijk doet bij het mens-als-machine-mensbeeld; vragen naar wat de ander beweegt of de oorzaak is om iets te doen of te laten bij het mens-als-computer-mensbeeld; vragen in welke omgeving de ander (op)groeit en welke relaties hij heeft of kent bij het mens-als-boom-mensbeeld.
- De houding die iemand aanneemt. Neemt de ander een zeer actieve houding aan, dan is de kans zeer groot dat hij een mens-als-machine-mensbeeld heeft. Neemt de ander een afwachtende houding aan, dan komt het mens-als-dier-mensbeeld al snel in beeld.

Je bewust zijn van het mensbeeld van jezelf en de ander, kan positieve effecten hebben op het eerste contact. Hierdoor ben je in staat om de gevolgen van het eigen mensbeeld, de daarbij horende vragen en eigen houding, en het mensbeeld van de ander in een juist perspectief te plaatsen.

Ieder mens hanteert zijn eigen visie en deze visie heeft weer invloed op ons gedrag en communicatie. Om te achterhalen welke visie je op de mens hebt, is het van belang om eerst open te staan voor waarin je verschilt van de ander. In studies naar diversiteit worden hiervoor de zeven dimensies van diversiteit gebruikt. In de volgende paragraaf zal ik een toelichting geven op een extra dimensie: spiritualiteit.

1.5 Extra dimensie van diversiteit: spiritualiteit

In studies over diversiteit mis ik aandacht voor de dimensie *spiritualiteit*. Het geloof in spiritualiteit heeft een blijvende invloed op ons gedrag. Vandaar dat ik het hier als achtste dimensie toevoeg naast de eerdergenoemde zeven dimensies in paragraaf 1.2. Er is een reden waarom deze dimensie in het dagelijks leven genegeerd wordt. In tegenstelling tot de andere zeven dimensies is spiritualiteit niet meteen zichtbaar voor de ander of makkelijk te meten of te achterhalen met eenvoudige vragen.

Binnen de dimensie spiritualiteit staat het contact zoeken met je eigen geest centraal. Sommigen zoeken dit contact met zichzelf via bemiddeling van geestelijken of via hogere macht(en). Zoals je in contact met de ander een open houding nodig hebt, geldt bij spiritualiteit precies hetzelfde maar dan gericht op jezelf. Hoe opener je bent hoe meer ruimte je jezelf gunt om je persoonlijke levenshouding en intuïties invloed te laten hebben op het verloop van je leven. Deze leefwijze valt niet per se af te leiden van het domein *etniciteit*. Leden met dezelfde etnische wortels verschillen namelijk onderling in de mate waarin ze waarde hechten aan spiritualiteit. Daardoor verschillen ze in de mate waarin ze het toeval wel of niet toelaten in hun leven. Dit verschil bepaalt voor een groot deel hoe men elkaar bejegent. Hoe opener je naar jezelf bent, hoe opener je kunt zijn in contact met de ander.

Als spiritualiteit in studies naar diversiteit aangestipt wordt, dan wordt het meestal gelijkgesteld met het hebben van een religieuze overtuiging of godsdienst. Ten onrechte, want religie kan weliswaar de mate van spiritualiteit beïnvloeden maar staat daar niet mee gelijk. Ook mensen zonder religieuze overtuiging of lidmaatschap van een geloofsgroep, moskee, kerk of tempel kunnen spiritueel zijn. Spiritualiteit gaat over vergroten van zelfkennis en bewustwording van je eigen levenshouding door kennis te nemen van wie of wat in jouw omgeving je leven beïnvloedt. De mensen die je dierbaar zijn en opvattingen die de moeite waard zijn om voor te strijden dragen bij aan vraagstukken op het gebied van zingeving. Je leven zin geven bereik je door aan de hand van je eigen ervaringen je in te leven in wat je ziel beweegt of diep raakt. Dat gebeurt altijd in relatie tot de omgeving waar je deel van uitmaakt. Je opereert als individu nooit autonoom.

Spiritualiteit heeft te maken met in hoeverre *flexibiliteit* en *acceptatie* in relatie met de ander en de omgeving tot de persoonlijke kernwaarden behoren. Op een schaal van mensen die zeer spiritueel zijn en mensen die dat minder zijn is één woord wat hen verbindt: controle. Mensen die zeer spiritueel zijn hebben de neiging om alles los te laten en zich over te geven aan wat er op een bepaald moment gebeurt. Zo laten veel aanhangers van de islam – letterlijk vertaald als 'overgave' – hun lot over aan de wil van Allah. Dit zien we op een andere wijze ook terug bij mensen die niet per se gelovig zijn.

Behalve door het bidden kan men het hoofd leeg laten lopen door rust, meditatie of ontspanning vinden. Het zijn manieren om zaken die de mens hoofdbrekens bezorgen los te laten. Om teleurstellingen te voorkomen en het lijden te verzachten, worden verlangens en doelen om iets te bereiken tot het minimum teruggebracht. Dit komt enigszins apathisch over omdat ingrijpen in het natuurlijke verloop en situaties niet gewenst is. De mensen aan de andere kant van het spectrum hebben juist de neiging om het proces in eigen hand te houden. Zij zoeken naar zekerheid en kunnen niet goed functioneren in een situatie waar ze geen enkele invloed op kunnen oefenen. Hun hoofd zit vaak vol met vragen en zaken die hen bezighouden.

Dit verschil van wel of geen controle willen uitoefenen op de ander en omgeving, zien we ook terug in hoe men tegen oorzaak en bestrijding van problemen, zoals spanningen, ziektes, gedragsstoornissen aankijkt. In de volgende casus wordt dit verschil goed geïllustreerd. Een hulpverleenster van Turkse afkomst, Ebru (36 jaar) vertelt over haar ervaring met een jongen van 16 jaar met Surinaamse wortels:

> Mijn mentorkind die op de behandelgroep is geplaatst heet Prem. Hij is van Hindoestaanse afkomst. Zijn ouders komen uit Suriname en zijn gescheiden toen Prem nog een kind was. Ondanks de scheiding zag Prem zijn beide ouders regelmatig. Zijn moeder was altijd zeer zorgzaam voor Prem en heeft hem naar mijn indruk teveel verwend. Hij kent namelijk geen grenzen en doet alles waar hij zin in heeft. Zijn vader was altijd erg autoritair aanwezig. Zijn ouders zijn praktiserende hindoes. Vooral zijn moeder hecht veel waarde aan het geloof in bovennatuurlijke krachten. Prem is strafrechtelijk bij ons geplaatst en er lijkt sprake te zijn van een gedragstoornis. Prem kan erg moeilijk omgaan met autoriteiten, maar komt zelf erg autoritair over. Het gaat niet goed met Prem, want hij overtreedt te vaak onze huisregels.
>
> De moeder van Prem is zeer bijgelovig en denkt dat zijn gedrag veroorzaakt wordt door het boze oog. Zij gelooft niet dat het aan zijn stoornis ligt. Daarom heeft zijn moeder mij benaderd of een rituele reiniging plaats kan vinden. Vanwege mijn Turkse achtergrond, waar rituelen ook gebruikt worden om mensen te genezen en omdat ik het geloof in het boze oog herken, heb ik haar beloofd naar de mogelijkheden te kijken. Tijdens de overdracht bespreek ik het verzoek van Prems moeder met mijn collega's. Op één collega na is iedereen positief. Henry is de enige die niet enthousiast is over haar verzoek. Hij vindt het allemaal onzin. Hij vindt dat beide ouders bewust gemaakt moeten worden met wat er werkelijk aan de hand is met Prem.

De vragen die deze casus oproept: 'Heeft Prem een gedragsstoornis en dus (medische) behandeling nodig of is hij getroffen door het boze oog en zijn (magische) rituelen nodig?' prikkelen de hulpverleners tot nadenken over welke houding ze moeten aannemen ten aanzien van dit verzoek. De vraag van Prems moeder om hem met rituelen te genezen, leidt tot een dilemma waarmee veel hulpverleners worstelen. Hoe men met haar verzoek omgaat hangt sterk af van de hulpverlener die hiermee geconfronteerd wordt en de acceptatiegraad binnen het veld waarin hij of zij werkzaam is. Of zo'n verzoek wel of niet geaccepteerd wordt hangt meestal af van de mate van herkenning. Als men het verzoek herkent vanuit de eigen culturele achtergrond of een grote bereidheid toont om spirituele ruimte te bieden, is de neiging groot om eraan te voldoen. Andersoortige hulp wordt dan als welkome aanvulling gezien op de bestaande. Dat Ebru dit verzoek inwilligt, heeft te maken met het feit dat ze deze behoefte vanuit haar spiritualiteit herkent.

Het wel of niet geloven in onzichtbare krachten heeft te maken met de mate van openstaan voor een geloof in een andere wereld. Een wereld, waarin onzichtbare krachten bestaan die we niet kunnen waarnemen of bewijzen, maar wel onze kijk en ons gedrag op de ander sterk beïnvloeden.
Hulpverleners die niets hebben met spiritualiteit zullen zich ongemakkelijk voelen of geen raad weten en misschien ook wel irritatie voelen opkomen als cliënten of familie ervan met in hun ogen bijgeloof, zoals de moeder van Prem, aankomen. Zij zullen de cliënten op andere gedachten proberen te brengen door hun beide benen op de grond te plaatsen, zoals Aristoteles dat doet met Plato op de afbeelding van Rafaël. Hulpverleners die openstaan voor spiritualiteit zullen juist met hun spiritualiteit meegaan en bekijken op welke wijze zij de cliënt zo goed mogelijk tegemoet kunnen treden zonder risico's op verergering van het bestaande probleem.
Het mag duidelijk zijn dat beide tegengestelde reacties een groot effect hebben op de omgang met de cliënt. Bij de eerste reactie *'luister goed! ik ga je vertellen hoe het echt zit!'* voelt de cliënt zich niet serieus genomen en zelfs geremd om verdere toelichting te geven op zijn behoefte, laat staan zijn kijk op de omgeving nader te verklaren. Zo is de hulpverlener de betrokkenheid bij het probleem van de cliënt kwijt. Bij de tweede reactie *'vertel me meer hoe jij het ziet, ik luister'* heeft de cliënt het gevoel dat de hulpverlener openstaat voor zijn

spiritualiteit en zal deze vrijuit praten. Op deze manier verhoogt de hulpverlener de betrokkenheid van de cliënt.

De tweede reactie heeft mijn voorkeur omdat het in de hulpverlening niet altijd draait om wie over de waarheid beschikt of gelijk heeft. Het gaat erom dat je de ander verder helpt. Dat lukt beter als je de ander ook de ruimte geeft om te vertellen hoe hij of zij tegen zijn of haar probleem aankijkt. Het gaat er niet om dat de cliënt de definitieve diagnose vaststelt, dat doet de hulpverlener uiteindelijk zelf. Waar het om gaat is dat cliënt de hulpverlener inzicht geeft in zijn belevingswereld. Deze inzichten helpen de hulpverlener om een weg te bewandelen waar de cliënt achter staat. Dat geldt ook voor mensen die de cliënt na aan het hart liggen. Als de cliënt zich serieus genomen voelt, werkt dat zeer motivatieverhogend om aan het oplossen van het probleem mee te werken. Wat uiteindelijk werkt is dan niet altijd wetenschappelijk te verantwoorden omdat mensen zich ook door hun gevoelens laten leiden in de omgang met een probleem of kwestie. De manier waarop mensen omgaan met verdriet, ongeluk, blijdschap en geluk heeft invloed op onze lichamelijke en geestelijke gesteldheid, maar niemand kan deze emoties echt meten. Maar dat emoties niet meetbaar zijn, betekent echter niet dat ze niet bestaan.

Sommige mensen ontdekken pas op latere leeftijd de betekenis van spiritualiteit door bijvoorbeeld rust te vinden in het verrichten van gebeden, bezoeken van heilige plaatsen, zoals tempels, offers brengen aan hogere machten, (voor)ouders vereren, wandelen door de natuur, beoefening van zenmeditatie of anderszins. De mate waarin een hulpverlener wel of geen ruimte laat aan spiritualiteit in contact met de cliënt bepaalt de richting en succes van de aangeboden hulp. In het geval van afwijzing zal de cliënt voortaan alleen sociaal wenselijke antwoorden geven. In geval van ruimte geven zal de hulpverlener een veel beter beeld krijgen van de belevingswereld van de cliënt. Dit kan bijdragen aan een betere diagnose en een gezamenlijke vormgeving van een hulptraject. Openstaan voor wat cliënten beweegt en raakt zorgt vanzelf voor hulp op maat. Om dat steeds beter in de vingers te krijgen, moeten we de wegen tot verdieping van diversiteit bewandelen. Voordat we dat gaan doen, zet ik eerst uiteen waartoe aandacht voor diversiteit leidt.

1.6 Doelen van aandacht voor diversiteit

Aandacht voor diversiteit dient er uiteindelijk toe om de kwaliteit van relaties tussen mensen met verschillende culturele achtergronden te verbeteren. Daarvoor is nodig dat men tot dieper inzicht komt in diversiteit. Als belangrijkste doelen zie ik:
1. vreedzaam samenleven;
2. van elkaar leren;
3. vermijden van discriminatie.

Vreedzaam samenleven

Vreedzaam samenleven kan bevorderd worden door telkens de volgende vraag te stellen in contact met de ander: 'Waarmee moet ik rekening houden om de ander niet onbedoeld te irriteren of te kwetsen?'

Deze vraag is gericht op het aanknopen van relaties: contact maken met de ander. Het antwoord leidt tot grenzen respecteren van wat de ander als waardevol en dierbaar beschouwt. Om iemand niet onnodig voor het hoofd te stoten is extra kennis over de ander gewenst op het gebied van (culturele) gewoontes, waarden, belangen en normen.
Om vreedzaam samen te leven is het nodig dat we eerst leren geweldloos te communiceren. Dat vergt oprechte interesse in hoe we in contact elkaar zowel non-verbaal als verbaal bejegenen. Voorkomen moet worden dat je onnodig dwingende vragen stelt of al te zeer confronterend overkomt bij iemand die dat niet gewend is vanuit zijn culturele achtergrond. Alleen dan creëer je genoeg vertouwen en een veilige sfeer om met elkaar frank en vrij te praten.

Van elkaar leren

Van elkaar leren kan het beste gestimuleerd worden door de volgende vraag als uitgangspunt te nemen in ieder contact: 'wat heb ik nodig aan vaardigheden om iets van de ander op te steken?'

Deze vraag is gericht op relaties opbouwen en onderhouden. Het antwoord leidt tot verkennen en overstijgen van de eigen grenzen op het gebied van professioneel handelen door steeds beter beheersen van (gespreks)vaardigheden in de omgang met elkaar. Om dat te kunnen leren, moet je zowel je hoofd als handen gebruiken. Theoretische kennis is alleen goed toepasbaar als je die zelf toetst aan de realiteit. Dat klinkt simpel, maar kan in de praktijk soms een heel moeizaam proces zijn.

Echt leren kan alleen plaatsvinden als je lessen trekt uit de gemaakte fouten of als je iets bijzonders meemaakt wat een grote indruk op je heeft gemaakt. Scholen geven bijvoorbeeld die ruimte. Leerlingen en studenten leren met vallen en opstaan in een veilige omgeving. Zij kunnen in rollenspellen, tijdens hun stage en met vrijwilligerswerk hun eigen en andermans sterke en zwakke punten ontdekken en zich verder ontplooien. Zie de casussen in hoofdstuk 3 van dit boek om te zien hoe het er in de praktijk aan toe gaat.

Vermijden van discriminatie

De vraag 'waar moet ik me van bewust zijn om de ander niet onbedoeld uit te sluiten?' kan discriminatie vermijden.

Stilstaan bij deze vraag voorkomt dat relaties – ondanks de beste intenties – met een 'verkeerde' houding vroeg of laat toch verslechteren. Het antwoord leidt namelijk tot het opzoeken van nieuwe uitdagingen van het professioneel handelen. Door een juiste attitude aan te nemen in hoe we elkaar bewust en onbewust in contact bejegenen, te reflecteren op ons gedrag en prikkelende vragen te stellen, gaan we nadenken over onze vanzelfsprekendheden. Op deze wijze sluiten we uit dat we bij voorbaat de ander tekort doen door hem of haar vanwege misinterpretaties te hoog of te laag te waarderen waardoor na teleurstellingen afwijzing en uitsluiting volgt. Door discriminatie te vermijden ontstaat er een gelijkwaardige dialoog en schep je vanzelf meer gelijke kansen voor de ander. Dat is goed voor het wederzijdse contact en komt ten goede aan het versterken van elkaars positie.

Om te voorkomen dat mensen met diverse culturele achtergronden elkaar blijven negeren – of in het ergste geval zelfs doodmaken – vanwege hun verschillen is vragen stellen hoe de ander denkt en doet van levensbelang. In paragraaf 1.7 zal ik daarom ingaan op de kunst van het vragenstellen en het positief effect daarvan op het diversiteitsdenken.

1.7 Vragen stellen

Diversiteitsdenken is een vaardigheid die je beter beheerst naarmate je het regelmatig bewust doet en oefent. Om dit denken te stimuleren vormen een open en nieuwsgierige houding naar jezelf en de ander een voorwaarde. Als je het eenmaal beheerst, is het heel goed te vergelijken met autorijden. Als je door hebt waar je allemaal op moet letten, dan gaat het vanzelf. Het voertuig waarin je rijdt is in metaforische zin de vraag die je stelt. Het voertuig (de vraag) bepaalt de richting van waar je naartoe rijdt (het antwoord). Op de vraag 'wie of wat doet ons denken?' is het allereerste antwoord 'vragen stellen'. Personen die je vragen stellen helpen je je denken te activeren.

Als we dat weten kunnen we ons afvragen welke typen vragen tot wat voor soort denken kunnen leiden. Behalve het belangrijkste onderscheid tussen open en gesloten vragen, waarvan we verderop de effecten met een voorbeeld zullen illustreren, zijn er talrijke andere typen vragen. Hieronder volgt een selectie.

Zakelijke vragen en persoonlijke vragen

Personen die zakelijke vragen stellen zijn op zoek naar (neutrale) informatie, feiten of letterlijke beschrijving van een gebeurtenis, situatie of begrip. Dit staat in groot contrast met persoonlijke vragen. Dit zijn vragen die de ander juist uitnodigen om meer te vertellen wat hij of zij van bepaalde zaken vindt. Hier staan de eigen mening, eigen ervaring, eigen beleving en gevoel centraal. Vergelijk de vraag 'sinds wanneer voert Nederland een integratiebeleid uit?' met 'wat vind je van het Nederlandse integratiebeleid?'

Directe vragen en indirecte vragen

Directe vragen hebben meestal één duidelijk doel voor ogen. Meer nog dan zakelijke vragen wil men via deze vragen nog meer te weten komen hoe de ander ten opzichte van een bepaald afgebakend onderwerp denkt, kijkt, doet of handelt. Bij indirecte vragen is niet duidelijk welk doel beoogd wordt en als dat op den duur duidelijker wordt, dan is dat altijd via een omweg. Bij indirecte vragen gaat het meer om het proces en de sfeer van het gesprek dan om het uiteindelijke resultaat.

Manipulerende vragen en onderzoekende vragen

Manipulerende vragen zijn eigenlijk geen echte vragen, omdat ze al een oordeel bevatten. Ze zijn slechts bedoeld om het antwoord uit te lokken van wat de vragensteller wil horen of bevestigd wil zien. Suggestieve en retorische vragen zijn daar voorbeelden van. Een voorbeeld van een manipulerende vraag is: 'vind je ook niet dat het kabinet er niets van bakt op het gebied van integratie?' Dit in tegenstelling tot onderzoekende vragen waar de vragensteller net zo lang doorvraagt totdat hij of zij het antwoord van de ander krijgt.

Uiteraard kunnen deze bovenstaande vragen in verschillende combinaties voorkomen. Een vraag als 'hoe denk jij over homoseksualiteit?' is zowel direct als persoonlijk van aard. Welke typen vragen de voorkeur genieten is zeer afhankelijk in welke cultuur je opgegroeid bent en welk doel je met je vragen beoogt. Ter illustratie zal ik hieronder de eigenschappen en effecten van gesloten en open vragen onder de loep nemen.

Gesloten vragen

Gesloten vragen zijn over het algemeen dwingender dan open vragen omdat de antwoordgever moet kiezen tussen *ja* of *nee* of een beperkt aantal aangeboden alternatieven of keuzemogelijkheden van de vragensteller. Er is weinig ruimte om het eigen antwoord te formuleren. Een voordeel van gesloten vragen is dat bij het bespreken van problemen het oplossingsgericht denken bevorderd wordt. Het nadeel is dat de achtergronden van een bepaald probleem dat opgelost moet worden, niet altijd goed geïnventariseerd is. Gesloten vragen worden in de regel vaker gesteld in culturen waar directe communicatie domineert. Dat begint al met de gast ontvangen met 'wilt u koffie of thee?' Leden in culturen waar indirecte communicatie heerst zullen gesloten vragen zoveel mogelijk vermijden door in dit voorbeeld alles wat in huis is aan te bieden, op tafel te zetten, en aan de gast over te laten wat hij of zij graag wil drinken.

Open vragen

Open vragen nodigen mensen uit om uitgebreid antwoord te geven. Zulke vragen zijn ongedwongen van aard. Ze worden vaker gesteld in culturen waar men niet per se geïnteresseerd is in een eenduidig antwoord of één oplossing. Open vragen zijn uitermate geschikt om de ander beter te leren kennen. Het bevordert het creatief denken. De antwoordgever is vrij om te zeggen wat hij of zij wil. Zelfs in de vorm van fantasieën zeggen ze iets over de belevingswereld van de antwoordgever. Om de ander beter te leren kennen moet je openstaan voor al zijn verhalen. Het nadeel van open vragen is dat het antwoord naar alle kanten kan uitwaaieren en je bij het bespreken van een probleem bijvoorbeeld niet toekomt aan een oplossing.
Tot welke problemen gesloten vragen – ook al zijn ze legitiem vanuit het werk – kunnen leiden, zal geïllustreerd worden in paragraaf 3.1 in de casus 'Laila vraagt om hulp'. Nu volstaat het dat we de kunst moeten verstaan te achterhalen welke mix van open en gesloten vragen ons verder brengen in een bepaald gesprek zodat over en weer goed naar elkaar geluisterd wordt. Het resultaat daarvan geeft ons een totaaloverzicht van het probleem, zodat we over meerdere ingangen beschikken om een kwestie of probleem te overzien en te bespreken en ook eventueel aan te pakken als dat nodig is. Om een goede mix van vragen te stellen, van algemeen naar specifiek, volgen hieronder zes tips.

Tips bij vragen stellen

1. Zorg voor een goede en veilige sfeer voordat je vragen stelt (begin altijd eerst met een korte introductie door middel van groeten, vriendelijk glimlachen of kort voorstellen). Dit leidt tot

ontspanning. De ander voelt zich op zijn gemak om vrij(er) te communiceren.
2. Denk eerst goed na wat je wilt weten (ga niet in de wilde weg vragen stellen). Neem dus tijd voor vragen stellen. Dit leidt tot weloverwogen vragen stellen.
3. Vermijd aan het begin al te confronterende vragen die meteen leiden tot (heftige) discussie. Een dialoog is geen debat. Leid de vraag goed in met: 'Mag ik u/je vragen...' Vraag dus toestemming aan de ander om de dialoog te starten.
4. Stel één vraag tegelijk en wacht geduldig op antwoord. Stilte is niet erg.
5. Formulier de vraag zo concreet mogelijk (hoe vager de vraag hoe vager het antwoord).
6. Formuleer de vraag in helder Nederlands (vermijd moeilijke woorden of vakjargon).

Vragen stellen is de eenvoudigste manier om de ander te activeren om (na) te denken. Door vragen te stellen krijg je in een relatief kort tijdsbestek meer te weten over de ander en kun je de betrokkenheid van de ander bij het gesprek vergroten.
Na het vragen stellen volgt altijd het goed luisteren. De volgende zes kenmerken geven aan dat iemand goed luistert.
1. Geeft na het stellen van een vraag de ander altijd voldoende tijd en ruimte om in zijn of haar tempo antwoord te geven (niet meteen stiltes opvullen met een nieuwe vraag of afkappen midden in een zin).
2. Is gevoelig voor de non-verbale communicatie. Luistert niet alleen wat er gezegd wordt maar ook hoe het gezegd wordt. Observeert goed naar lichaamssignalen.
3. Laat zien dat hij echt luistert door:
   – zijn luistergedrag met lichaamsbewegingen te benadrukken zoals hoofdknikjes geven;
   – op het juiste moment door te vragen;
   – te checken of hij het antwoord begrijpt door het antwoord in eigen woorden te herhalen.
4. Blijft rustig en geïnteresseerd (laat zich niet leiden door emoties).
5. Kan hoofd- en bijzaken van elkaar scheiden (verliest zich niet in details).
6. Probeert zich in te leven in de ander.

Goede vragen stellen en goed luisteren zijn de eerste bouwstenen om een dialoog in dezelfde taal op gang te brengen en naar hoger niveau te tillen. Ze zijn allebei nodig om ons (diversiteit)denken te prikkelen en aan te scherpen.

1.8 Drie wegen naar diversiteitsdenken

Open vragen zijn een uitstekende leidraad bij het perfectioneren van interculturele competenties in het eigen professioneel handelen . Zo doe je telkens in contact met de ander nieuwe inzichten op door extra kennis te verwerven, nieuwe vaardigheden te leren, zoals het empathisch vermogen, en de juiste houding (open, tolerant en kritisch) aan te nemen. Het is van belang je bewust te zijn van je eigen houding en dat kan alleen als je ook bewust bent van eigen vanzelfsprekendheden. Bij het bekwamen in het diversiteitsdenken, zijn minimaal de volgende drie wegen nodig:
1. vermeerderen van kennis;
2. oefenen inlevingsvermogen;
3. bewustwording van vanzelfsprekendheden.

Het bewandelen van deze drie wegen leidt tot nieuwe inzichten. De wegen vormen tevens de drie randvoorwaarden voor het slagen van cultuurbepaalde communicatie en hebben betrekking op achtereenvolgens *kennis, vaardigheden* en *houding*.

Vermeerderen kennis

De eerste weg is kennis vergaren over diversiteitvraagstukken via het kritisch volgen van de actuele en maatschappelijke ontwikkelingen, kennis opdoen over diversiteitsvraagstukken, het verzamelen van casussen uit de (eigen) beroepspraktijk en nieuwe ervaringen delen met de ander. Behalve het vermeerderen van de kennis over de leefwereld van de ander is het een zeer geschikt middel om ons bewust te worden van onze eigen identiteit. Pas als we ontdekken waarin we anders zijn van de ander gaan we nadenken met welke waarden (en normen) we zijn grootgebracht.

Oefenen inlevingsvermogen

De tweede weg is aan de hand van kennisvermeerdering over de ander het eigen inlevingsvermogen te oefenen. Deze vaardigheid, je beter inleven in de ander, kan niet verbeteren zonder dat je weet hoe de ander denkt, voelt en doet. We staan hier ook stil bij de manier van praten, kijken, lopen, mimiek en gebruik van gebaren. Culturele empathie is net als luisteren zowel een waarde als een vaardigheid die je kunt oefenen. Iedereen kan het aanleren door zich beter te verdiepen in de ander. Dit verdiepen mag niet alleen gefocust zijn op het gedrag aan de buitenkant zoals de wijze van kleding, praten, lopen en verder alles wat we kunnen waarnemen met onze zintuigen.

Om je optimaal te kunnen inleven in de ander is ook kennis van de innerlijke kant van belang. Deze kennis is gericht op het openstaan voor de denkbeelden, gevoelens en nieuw gedrag van de ander. Bij dat laatste is vereist dat je eerst bewust bent van je eigen identiteit, vervolgens openstaat voor de belevingswereld van de ander. Op deze wijze is het mogelijk culturele empathie te ontwikkelen (zie ook Azghari 2007, p. 49).

Bewustwording vanzelfsprekendheden

Pas als we de eerste en tweede weg succesvol hebben bewandeld komt de derde weg in zicht. De derde weg is bedoeld om met een kritische en open houding door extra kennis en betere beheersing van culturele empathie een nieuwe manier van denken, het diversiteitsdenken, te vergroten. Deze derde weg zorgt ervoor dat we onze blik op de ander verruimen en ontdekken waaruit onze vanzelfsprekendheden bestaan. Daardoor zullen we minder verbaasd staan te kijken wanneer in contact met de ander niet gebeurt wat we 'normaal' zouden verwachten. Het volgende voorbeeld kan dat illustreren. Bijna iedereen herinnert zich de verbaasde blik van oud-minister van Integratie, Rita Verdonk, toen ze op 19 november 2004 bij haar kennismaking met vijftig imams haar hand uitstak, maar van één imam geen hand kreeg. Terwijl de andere imams geen moeite hadden om uit beleefdheid haar hand te schudden, weigerde de oerconservatieve imam Salam uit Tilburg vanwege zijn strenge interpretatie van de islam. Dit gebruik van geen handen schudden is overigens niet typisch iets dat alleen bij strenge moslims voorkomt. Ook bij zeer strenggelovige joden en andere fun-

damentalisten in Nederland is dit een normaal
Dit is een goed voorbeeld van het eerste cont
die geen enkel begrip voor elkaar hebben. Zc
tica hebben baat bij het mislukken van het c
ze geen enkele moeite te doen om elkaar
langs verschillende gradaties loopt en verscl...
len we hierna zien.

1.9 Begripschaal

Diversiteitsdenken is een nieuwe manier van denken waarbij het brugmodel fungeert als handvat. Het doel van gebruik van het brugmodel is om miscommunicatie tot een minimum te beperken of helemaal te voorkomen. De poging om elkaar beter te verstaan houdt niet automatisch in dat we daadwerkelijk elkaar ook echt (beter) gaan begrijpen, laat staan dat we plotseling meer begrip krijgen voor waar we voor staan. Elkaar verstaan, dat is minimaal 'ik hoor wat je zegt maar deel jouw opvatting niet' tot maximaal 'ik ben het met je eens wat je zegt en doet'. In figuur 3 wordt het in een begripschaal schematisch weergegeven.
Op horizontale as wordt een waardeoordeel uitgesproken over opvatting of begrip voor de daad van de ander in wel (+)/niet (-) goed. Op de verticale as wordt dat uitgesproken in een zin met wel, geen of gedeeltelijke steunbetuiging.

Figuur 3 *Begripschaal*

	Opvatting	Daad
A. Ik hoor wat je zegt en/of doet, maar steun je niet	-	-
B. Ik hoor wat je zegt en/of doet, maar steun je alleen in daad	-	+
C. Ik begrijp wat je zegt en/of doet, maar steun je alleen in woord	+	-
D. Ik begrijp wat je zegt en/of doet en steun je in allebei	+	+

Bij A gaat het om zowel verschil van mening en/of gedrag. In dit geval worden beide zaken afgekeurd. Bij B gaat het alleen om meningsverschil, maar de daad wordt wel gesteund. Een voorbeeld daarvan is in naam van vrijheid van meningsuiting de vertoning van de anti-Koranfilm van Wilders te laten plaatsvinden. Bij C kan het gaan om sommige jonge Britten van islamitische afkomst die vin-

dat hun land met twee maten meet als het gaat om ingrijpen
het Midden-Oosten, maar ze keuren de aanslagen van mensen die precies hetzelfde denken over de Britse buitenlandse politiek en tot gewelddadige actie overgaan af. Bij D wordt zowel de mening als de daad van de ander gesteund.

Beter begrip bij een professional voor wat zijn cliënt beweegt om iets te zeggen of te doen is natuurlijk mooi meegenomen. Dat kan het contact verdiepen, omdat de cliënt merkt dat de professional zich probeert in te leven in zijn situatie. Het invoelen hoe de ander is gekomen tot waarin hij gelooft, hoe hij met de ander graag omgaat en wat hij wil bereiken betekent een ware ontdekkingstocht naar de culturele identiteit van de ander en van jezelf. De ander vormt als het ware zo een spiegel hoe jij zelf denkt en doet.
Blijft het alleen bij het tonen van begrip voor elkaar, dan is dat echter niet genoeg voor een succesvol contact. Kennis en bewustwording van vanzelfsprekendheden zijn de andere twee randvoorwaarden voor een geslaagde communicatie. Ook wanneer men zich beperkt tot alleen kennis vergaren over de ander hoeft het contact niet positief te verlopen. Dat gebeurt bijvoorbeeld wanneer men het slechts houdt bij het uitwisselen van opvattingen. Men heeft van elkaar gehoord wat men van een bepaald gedrag of onderwerp vindt. Dan gebeurt er verder helemaal niets. In het geval van oud-minister van Integratie Verdonk en imam Salam uit Tilburg die haar geen hand gaf was er wel contact, weliswaar op gespannen voet, maar geen van beiden heeft de ander (willen) begrijpen. Beiden zitten in A op de begripschaal. Ze komen nooit dichter tot elkaar, omdat ze de deur voor elkaar definitief hebben dichtgedaan.

Voor een optimaal verstaan én begrip zijn dus behalve kennisverrijking over de ander (eerste weg) en culturele empathie (tweede weg) ook bewustwording van de eigen identiteit (derde weg) onontbeerlijk. Het diversiteitsdenken bewandelt deze drie wegen.

1.10 Essentie diversiteitsdenken

Het diversiteitsdenken is gericht op het elkaar beter verstaan en meer begrip voor elkaar willen en kunnen opbrengen. De kern van dit nieuwe denken berust op de volgende drie pijlers.
1. *Elkaar beter willen leren kennen en vreedzame manieren willen vin-*

den om respectvol en vrij van vooroordelen met elkaar om te gaan.
2. Bespreken en uitwisselen van denkbeelden en gedragingen om van elkaar te leren.
3. Met een tolerante, open en kritische houding zowel de verschillen als overeenkomsten zoeken, benoemen en bespreken en vervolgens in concreet gedrag vertalen.

In figuur 4 is de essentie van het diversiteitsdenken in een schema samengevat.

Figuur 4 *Essentie diversiteitsdenken.*

Pijler 1	Elkaar beter willen leren kennen en vreedzame manieren willen vinden om respectvol en vrij van vooroordelen met elkaar om te gaan.
Doel:	Vreedzaam samenleven
Vraag:	Waarmee moet ik rekening houden om de ander niet onbedoeld te irriteren of te kwetsen?
Actie:	Uitwisselen van kennis
Weg:	Kennis opdoen
Pijler 2	Het bespreken en uitwisselen van denkbeelden en gedragingen om van elkaar te leren.
Doel:	Van elkaar leren
Vraag:	Wat heb ik nodig aan vaardigheden om van de ander wat op te steken?
Actie:	Aanleren nieuwe vaardigheden
Weg:	Oefenen empathie
Pijler 3	Met een tolerante, kritische en open houding zoeken, benoemen en bespreken van zowel de verschillen als overeenkomsten en vervolgens vertalen in concreet gedrag.
Doel 3:	Vermijden van discriminatie
Vraag:	Waar moet ik me van bewust zijn om de ander niet onbedoeld uit te sluiten?
Actie:	Tonen tolerante, kritische en open houding
Weg:	Bewustwording vanzelfsprekendheden

1.11 Samenvatting

In dit hoofdstuk is ingegaan op aandacht voor diversiteit voor individu en groepen mensen in de maatschappij. Van de zeven dimensies, die diversiteit kenmerken hebben we als exemplarisch voorbeeld 'ras' uitgelicht. Daarnaast hebben we in vogelvlucht beschreven hoe het menselijk gedrag in elkaar zit en welke impact dat heeft op onze visie op de medemens. Op basis van een wereldbeeld en/of mensbeeld gedragen wij ons op een bepaalde manier naar elkaar. Dat heeft invloed op de communicatie.

Naast de zeven bekende dimensies van diversiteit heb ik een extra eraan toegevoegd. De mate van spiritualiteit (of gebrek daaraan) is iets dat mensen over het algemeen beschouwen als een privé-domein. Daarom wordt dat niet altijd zichtbaar ter sprake gebracht in contact met de ander. Door dit gebrek aan uitwisseling blijft niet alleen verborgen wat de ander beweegt maar ook wat men van elkaar verwacht. Toch heeft de manier waarop we tegen de onzichtbare wereld, meestal bestaande uit een hogere 'iets' of machten die we niet met aardse zaken kunnen bewijzen, aankijken invloed op de manier waarop we met elkaar communiceren of omgaan. Dat heb ik met voorbeelden gedemonstreerd.

Ook heb ik opgesomd waarom positieve aandacht voor diversiteit zo belangrijk is en wat daarvoor nodig is. Om vreedzaam samen te leven is uitwisseling van kennis noodzakelijk. Om van elkaar te leren is aanleren van nieuwe vaardigheden nodig. Om discriminatie te vermijden is een tolerante, open en kritische houding verreist. Daarbij heb ik de drie wegen (kennis, empathie en bewustwording van vanzelfsprekendheden) die voorwaardelijk zijn om je te bekwamen in diversiteitsdenken uit de doeken gedaan. Ook hebben we via de begripschaal gezien op welke wijze mensen daden en opvattingen van de ander beoordelen en in welke mate ze daar wel of geen begrip voor tonen en hoe dat uitwerkt in de communicatie. Tot slot heb ik de pijlers opgesomd waar het diversiteitsdenken op stoelt en ze daarna in verband gebracht met de doelen van aandacht voor diversiteit en de wegen die we moeten bewandelen om tot nieuwe inzichten te komen.

Hoofdstuk 2
Diversiteitsdenken toepassen

2.1 De zes eigenschappen van diversiteitsdenken

Het diversiteitsdenken is een uitstekende manier om elkaar beter te verstaan en meer begrip voor elkaar te krijgen. Als het ons lukt om elkaar beter te verstaan en elkaar beter te begrijpen is het zaak om vervolgens tot een acceptabele en bewuste manier van omgang met elkaar te komen. Het doel van diversiteitsdenken is te komen tot een geslaagde cultuurbepaalde communicatie. Basisvoorwaarden voor zo'n succesvolle communicatie zijn *kennis, empathie* en *bewustwording van de eigen vanzelfsprekendheden.*
In dit hoofdstuk wordt behandeld welke houdingsaspecten bij diversiteitsdenken nodig zijn om de communicatie in contact met de ander optimaal te laten verlopen.

Het brugmodel dient als handvat bij het diversiteitsdenken. De kern van het diversiteitsdenken bestaat uit drie vragen:
1. Wat kan ik weten?
2. Hoe wil ik met de ander omgaan?
3. Wat doe ik?

In het brugmodel is dit vertaald in de volgende drie stappen (zie ook Azghari 2007):
Stap 1: Probeer te achterhalen welke waarden en/of belangen in een bepaalde situatie een rol spelen in contact met de ander en check dat ook bij de ander.
Stap 2: Ga na welke waarden en/of belangen in jouw communicatie met de ander een rol spelen en maak dat duidelijk aan de ander.
Stap 3: Besluit welke waarden en/of belangen voor jou de hoogste prioriteit genieten in een gegeven situatie en gedraag je daarnaar.

In de communicatie kan het brugmodel ingezet worden om na te denken over de waarden en belangen van de ander en deze tegen het licht te houden van de eigen waarden en belangen.

Nieuwsgierigheid en onbevangenheid

De eerste twee eigenschappen van het diversiteitsdenken – *nieuwsgierigheid* en *onbevangenheid* – helpen je meer kennis te verzamelen over de waarden en belangen bij de ander. Dat sluit aan bij de stap 1 van het brugmodel: *Probeer te achterhalen welke waarden en/of belangen in een bepaalde situatie een rol spelen in contact met de ander en check dat ook bij de ander.*

In de meeste culturen is het de norm de ander een hand te geven aan het begin van een (eerste of hernieuwde) kennismaking of ontmoeting. De waarden achter deze norm drukken meestal *respect, vriendelijkheid, hartelijkheid* of *beleefdheid* uit. Met de begroeting met de hand probeer je de ander op zijn gemak te stellen. Als de ander het gevoel krijgt dat hij welkom is en/of geaccepteerd wordt, is er een basis gelegd voor geweldloos communiceren. Als handen schudden bij de ontmoeting de norm is in een cultuur, dan kan men onzeker of angstig worden wanneer een hand niet geaccepteerd wordt door de ander en dit kan het contact voortijdig verslechteren. Door stap 1 van het brugmodel toe te passen, kan verslechtering voorkomen worden. Er zijn talloze andere manieren om vriendelijkheid of respect te tonen. Dat universele waarden, zoals respect, door iedereen omhelsd worden, wil niet zeggen dat de concrete vertaalslag ervan, zoals handen schudden bij het groeten, een universele norm betreft.

De volgende casus laat zien welke ongemakken er kunnen ontstaan als niet gebeurt wat men verwacht:

> Voor aanvang van een vergadering ontmoet een vrouwelijke wethouder, Marion A. voor het eerst de oudere Marokkaan Hassan B. Hij is bestuurslid van een islamitische basisschool. Ze steekt haar hand uit ter begroeting. Zij krijgt geen hand terug. Maar ze ziet hem wel even een knikje met zijn hoofd maken en zijn hand over zijn hart strijken. Naar aanleiding van deze ervaring kan Marion A. de volgende gedachten hebben.
> 1. Wat een onbeschofte man! Hij weet niet hoe we hier met elkaar omgaan. Hij moet zich snel aanpassen aan onze waarden en normen.

2. Bah, een vrouwonvriendelijke man! Hij geeft me zeker geen hand omdat ik een vrouw ben en dus minderwaardig in zijn ogen. Hij moet nog gauw door een emancipatiemolen heen.
3. Ach, hij is zo weinig ontwikkeld en zo onwetend. Ik kan dat hem niet kwalijk nemen. Laat ik maar spelen alsof het me helemaal niets doet en gewoon naar hem glimlachen.
4. Zijn gedrag zal wel iets met zijn culturele gewoonte of geloof te maken hebben. Ik respecteer zijn reactie en vraag niet door.
5. Ik weet niet zo goed wat ik hiervan moet vinden. Voordat ik een oordeel uitspreek, vraag ik eerst aan hem hoe hij gewend is de ander te begroeten. Daarnaast ben ik benieuwd of hij verschil maakt tussen mannen en vrouwen.

De lijst van mogelijke gedachten is uiteraard onuitputtelijk. Toch geven deze vijf opties heel goed weer hoe wij grosso modo in de dagelijkse praktijk reageren op geobserveerd gedrag. We proberen het ons vreemde gedrag meteen een plek te geven. Bij de eerste vier opties interpreteert Marion A. erop los. Het vreemde gedrag negatief interpreteren is heel menselijk, maar daarmee is ze veel te voorbarig met haar conclusies. Marion A. checkt niet eerst of het klopt wat ze denkt en vergroot daarmee de kans op een mislukte communicatie. Alleen bij de vijfde optie schort ze haar oordeel op door eerst te bekijken wat ze kan weten over de ander.

De vijfde optie sluit aan bij **stap 1 van het brugmodel**: Marion A. probeert te achterhalen welke waarden en/of belangen in deze situatie een rol spelen in contact met Hassan B. en checkt dat ook bij hem. Zij doet dat door hem te bevragen hoe hij gewend is om de ander te begroeten. Vervolgens wil ze weten of hij hierbij verschil maakt tussen mannen en vrouwen.

Marion A. stelt zich **kritisch** en **open** op. Om dit te kunnen doen, heeft ze de eigenschappen *nieuwsgierigheid* en *onbevangenheid* nodig. Bij nieuwsgierigheid smacht je als het ware naar nieuwe kennis door vragen te stellen. Wanneer je niet tevreden bent met de antwoorden of meer wilt weten, is doorvragen vereist. Dat getuigt van een opbouwend kritisch vermogen. Bij onbevangenheid neem je een open houding aan van iemand die nog geen waardeoordeel heeft gevormd van wat hij ziet, hoort of ervaart.

...u dat Marion A. er bij doorvragen achter komt dat het iets met ...n B.'s geloof te maken heeft. Hij geeft mannen wel een hand, ... r vrouwen niet vanwege zijn strenge interpretatie van de islam. Voor hem is geen hand geven op zijn manier respect tonen voor haar. Als ze dit weet, dan kan ze **stap 2 van het brugmodel** toepassen: *ga na welke waarden en/of belangen in jouw communicatie met de ander een rol spelen en maak dat duidelijk aan de ander.* In dit geval gaat ze na welke waarden en/of belangen voor haar een rol spelen en legt dit uit aan Hassan B.

Marion A. kan op twee manieren reageren. Wanneer zij kiest voor het belang van het contact en de lieve vrede wil behouden, dan zal ze overgaan tot de orde van de dag. Van het wel of geen hand schudden als begroeting, maakt ze geen punt. Zo vermijdt ze met haar politiekcorrect gedrag een conflict over iets wat ze op dat moment van minder belang acht. Als ze voor deze manier kiest, dan zal ze beleefd blijven tegen Hassan B. Voelt de wethoudster zich als vrouw echter beledigd, omdat ze gelijkheid van man en vrouw tot de belangrijkste waarden vindt behoren, dan zal ze voor een tweede manier kiezen. Zij maakt er dan een principekwestie van en kiest voor de confrontatie met Hassan B.

Beide manieren hebben zowel hun voor- als nadelen. Bij de eerste manier bewaart Marion A. wel de rust, maar van elkaar leren doen ze niet echt. Het contact blijft oppervlakkig, omdat ze haar zakelijk belang stelt boven de waarde gelijkheid tussen man en vrouw, waaraan zij veel waarde hecht. De tweede manier leidt tot onrust, maar ook hier leren ze niets van elkaar. Ze zullen recht tegenover elkaar komen te staan. Marion A.'s geloof dat mannen en vrouwen gelijk behandeld moeten worden, ook bij het begroeten met een hand, en Hassan B.'s geloof dat mannen en vrouwen ongelijk behandeld moeten worden, botsen hevig. Uiteindelijk leiden deze beide manieren van communicatie tot vervreemding en verwijdering tussen de gesprekspartners.

Oprechtheid en respect

Met de derde en vierde eigenschap van het diversiteitsdenken, *oprechtheid* en *respect*, kan deze kloof voorkomen worden. Zo laat

Marion A. zien dat ze haar best doet om zich zo goed mo
te leven in Hassan B.'s situatie. Tegelijkertijd nodigt ze hem ....
gedrag uit om zich ook in haar situatie in te leven. Als Marion A.
oprecht is in wat ze denkt en het zit haar echt dwars dat Hassan B.
zulk gedrag vertoont, dan kan ze dat eerlijk zeggen. Daarmee zijn we
beland bij **stap 3 van het brugmodel:** *besluit welke waarden en/of belangen voor jou de hoogste prioriteit genieten in een gegeven situatie en gedraag je daarnaar.*
Marion A. kan Hassan B. op het moment zelf of later onder vier ogen uitleggen hoe zij het ziet. Ze vertelt Hassan B. welke waarde handen schudden heeft voor haar. Dat kan ze ook doen in het geval dat ze zich beledigd voelt. Dat kan ze het beste meteen op een respectvolle wijze doen door Hassan B. de kans te geven om haar persoonlijk van repliek te dienen. Zij kan het volgende opmerken:

'Jij zegt dat je vanwege jouw geloof vrouwen geen hand mag geven. Maar eerlijk gezegd: ik schrik hiervan en het druist in tegen waar ik in geloof. Ik voel mij nu een beetje onthand en ook gekwetst.'

Als de eerlijke boodschap van Marion A. overkomt, zal Hassan B. eventueel excuses maken voor het in zijn ogen verkeerd begrepen gebaar. Hij deed het immers vanuit respect voor haar. Mocht zij niet kunnen leven met zijn reactie, dan kan ze altijd besluiten om wel of geen verder contact te willen met Hassan B.

Authenticiteit en bescheidenheid

De fout die nu vaak wordt gemaakt door ondermeer politici is dat men te snel uit angst voor elkaars felle reacties of overdreven respect schiet in extreem politiekcorrect gedrag of goedpraterij. Of, helemaal de andere kant op, uit arrogantie en ongeduld de ander, bij voorkeur in het openbaar, de les leest of meteen in de haren vliegt.
Een wapen tegen dit gedrag is de vijfde eigenschap van het diversiteitsdenken: *authenticiteit*. Door authentiek te zijn, stel je je kwetsbaar op. Je verbergt je niet achter een masker, rol of (machts)positie. Wat je zegt en doet stemt zoveel mogelijk overeen met hoe je leeft en denkt. Hiermee geef je de ander een evenwichtig beeld over jezelf.
Tot slot is het belangrijk om *bescheidenheid* te betrachten (de zesde eigenschap van diversiteitsdenken) in de mate waarin je de ander

werkelijk kan en wil beïnvloeden. Op het moment dat men vooral bezig is om het gedrag van de ander te willen veranderen door te wijzen op de eigen dominante waarden en normen, is het contact al voorbaat mislukt.

Met deze twee laatste eigenschappen kan de impasse waarin Marion A. en Hassan B. zitten zelfs doorbroken worden. Nodig is wel dat beide partijen zich flexibel opstellen om het contact te herstellen. In dit voorbeeld heeft Marion A. al daartoe een aanzet gegeven door Hassan B. duidelijk te maken dat ze zich gekwetst voelt. Door dit aan te kaarten stelt ze zich kwetsbaar op. Zij voelt zich klein gemaakt. Hassan B. is nu aan zet. Alleen excuus aanbieden en zeggen dat hij geen intentie had om haar te beledigen is niet genoeg. Hij moet een daad stellen. Als hij het belang van een goede relatie met Marion A. boven zijn handhaving van strikte regels plaatst, dan zal hij in het vervolg wel een uitgestoken hand accepteren. Hassan B. zou hierin het voorbeeld van de Nederlandse opperrabbijn Binyomin Jacobs kunnen volgen, die op 7 maart 2009 in dagblad *Trouw* het volgende opmerkt: 'Bij voorkeur geef ik geen hand, maar ik wil niemand beledigen.' Zie in dit verband mijn visie over wel of geen hand geven in bijlage 10: 'Weigeren hand is onvolwassen'.

De vijfde en zesde eigenschap van diversiteitsdenken, *authenticiteit* en *bescheidenheid*, helpen je om bij de laatste stap van het brugmodel evenwichtige besluiten te nemen als het gaat om welke waarden en/of belangen in een gegeven situatie de hoogste prioriteit hebben. Daarnaast zijn ze essentieel om de eigen verwachtingen niet alleen in concreet gedrag te vertalen, maar ook om je je consequent te gedragen in zowel woord als daad.

2.2 De zes eigenschappen van diversiteitsdenken in de praktijk

De zes eigenschappen die eigen zijn aan het diversiteitsdenken noemen we ook wel de *houdingsaspecten*. In deze paragraaf gaat het erom hoe je deze houdingsaspecten in kan zetten om de sfeer waarin de communicatie plaatsvindt te verbeteren en tot betere dialogen te komen.

Nieuwsgierigheid en onbevangenheid

Om de nieuwsgierigheid *op te wekken moet men met verschillende typen vragen proberen zoveel mogelijk informatie over de ander te vergaren. Begin met open vragen en eindig met gesloten vragen.*

Om onbevangen *te kunnen zijn en te blijven moet men zonder waardeoordeel en met interesse luisteren naar wat de ander zegt en bedoelt te zeggen. Daardoor ontstaat een beter beeld van de denkbeelden en gedragingen van de ander. Dit kan men het beste bereiken als men zich invoelend opstelt.*

Het tonen van *nieuwsgierigheid* en *onbevangenheid* in het contact zorgen ervoor dat de ander zich meer op zijn gemak voelt. Het leidt zo tot een ontspannen sfeer. Alle andere waarden die ook bijdragen aan meer ontspanning, zoals vriendelijkheid, humor en gastvrijheid, vallen onder de eerste eigenschap van het diversiteitsdenken. Om al deze waarden tot uitdrukking te laten komen, is allereerst een nieuwsgierige houding nodig. Hierbij is het belangrijk om voldoende pauze te nemen tussen vraag en antwoord. In gesprekken wordt het belang van stiltes niet altijd onderkend, terwijl stiltes nodig zijn om goed na te kunnen denken. Door de juiste vragen te stellen en genoeg stiltes in te bouwen, probeert de hulpverlener te achterhalen door welke waarden en belangen de cliënt bewogen en gedreven wordt. Onbevangenheid veronderstelt vrij van vooroordelen de ander tegemoet te treden. Het resultaat hiervan is de afronding van de eerste stap van het brugmodel.

Als het de hulpverlener voldoende duidelijk is welke waarde(n) de cliënt heeft en welk belang of belangen hij of zij nastreeft in een gespreksbeurt, dan is het de beurt aan de hulpverlener.

Oprechtheid en respect

Bij oprechtheid *gaat het om helder benoemen van de verschillen tussen wat de cliënt zegt, vindt, denkt en doet en wat de hulpverlener vanuit zijn professie zegt, vindt, denkt en doet.*

Om respect te tonen, is het nodig dat men zoveel mogelijk rekening houdt met de gevoeligheden van de ander. Dat staat gelijk met datgene wat voor de ander van waarde of dierbaar is.

Met *oprechtheid* en *respect* creëert men een veilige omgeving om zich vrij uit spreken over bepaalde zaken of gedragingen zonder de ander onnodig te kwetsen of te beledigen.
Op het moment dat zowel de cliënt als de professional uitgesproken hebben wat op hun hart ligt, weten ze precies wat ze aan elkaar hebben. Daarmee is de tweede stap van het brugmodel afgerond. Ze weten van elkaar wat hun waarden en belangen inhouden en hoe ze van elkaar verschillen en overeenkomen.
In de volgende fase is een extra taak weggelegd voor de hulpverlener. Zijn taak is zich zoveel mogelijk in te spannen om bruggen te slaan tussen zijn wereld en die van cliënt. Daarbij hangt veel af van hoe authentiek en bescheiden de hulpverlener overkomt.

Authenticiteit en bescheidenheid

Authenticiteit *veronderstelt dat wat je zegt en doet zoveel mogelijk overeen komt met hoe je leeft en denkt. Consequent zijn in zowel woord als daad is het eindresultaat.*

Om bescheidenheid *te tonen in je gedrag is het nodig om terughoudend te zijn in het gedrag van de ander te willen veranderen door te wijzen op de eigen dominante waarden en normen.*

Authenticiteit en *bescheidenheid* zorgen ervoor dat de communicatie uiteindelijk vreedzaam verloopt. De totstandkoming van deze geweldloze communicatie komt doordat de professional en de cliënt elkaar beter leren kennen, beter weten wat ze aan elkaar hebben en dus geen masker hoeven te dragen. Dat laatste gebeurt in geval van wantrouwen jegens elkaar, angst voor elkaar of uit onwetendheid.
Pas als dit stadium van vreedzaam contact is bereikt, kan men de laatste stap van het brugmodel maken: *weloverwogen beslissingen nemen of conclusies trekken uit het gesprek dat met elkaar gevoerd wordt.* Bij de vraag 'hoe nu verder met de cliënt?' neemt de hulpverlener altijd de tijd om creatief te zoeken naar mogelijke verbindingen tussen op het oog conflicterende waarden en/of belangen. In hoeverre

de hulpverleners hierin slagen, hangt af van hun creativiteit om door de verschillen in waarden en belangen heen ook de (nieuwe) overeenkomsten te kunnen zien.

Verschillen in waarden en belangen kunnen niet alleen te maken hebben met de acht dimensies die in het eerste hoofdstuk besproken zijn, maar ook met opleidingsniveau, beroep, positie in het werkveld, taalgebruik enzovoort. Dit zijn zaken die mensen gedurende hun leven verwerven door te studeren, werken of zich in een bepaald milieu onder te dompelen. Onder verschillen vallen ook de typische eigenheden van een individu. Dat heeft te maken met de wijze van denken en doen die een bepaald individu vanaf de geboorte kenmerkt of in de loop van de tijd laat zien door het ontwikkelen van een bepaalde persoonlijkheid of karakter.
Dat iemand op een zeker moment hetzij optimistisch of cynisch overkomt, slordig of zorgvuldig in het leven staat, is iets wat door persoonlijke ervaringen met de omgeving versterkt dan wel verzwakt wordt. Ook al komen twee mensen met totaal verschillende achtergronden met elkaar in contact, als ze beiden in een gesprek 'glimlachen naar elkaar' allebei als signaal van *vriendelijkheid betonen* interpreteren, hebben ze dat gemeen. Dan nog kunnen we verschillen ontdekken in de belangen die men heeft naar elkaar bij het glimlachen. Terwijl de een het puur als een uitingsvorm van beleefdheid ziet, is het voor de ander een manier om klanten te verleiden een product of dienst af te nemen. Wat hen bindt is dat ze *vriendelijkheid* als waarde inzetten in contact met de ander. Dat de belangen niet altijd hetzelfde zijn, mag duidelijk zijn: vriendelijk zijn omdat je gewoon aardig wilt zijn voor de ander of vanuit commercieel gewin worden verschillend gewaardeerd. Andere overeenkomsten buiten de gedeelde waarden kunnen zijn dat ze beiden bijvoorbeeld in dezelfde wijk zijn opgegroeid, van dezelfde leeftijd zijn of allebei student, vrouw of moeder of hetzelfde beroep beoefenen.

2.3 Resultaten diversiteitsdenken

Waartoe het diversiteitsdenken dient in contact met de ander wordt in deze paragraaf in twee punten uiteengezet.

Diversiteitsdenken verhoogt de kans op geslaagde communicatie

Met de zes houdingsaspecten en het brugmodel word je uitgenodigd om door de bril van de ander te kijken zonder af te hoeven stappen van je eigen waarden en normen. Men hoeft de natuurlijke (ideologische) strijd, die ieder van ons voert om op te komen voor de eigen opvattingen en idealen, helemaal niet op te geven in contact met de ander om de communicatie te laten slagen. In de praktijk betekent dat het contact ook tussen mensen met minder gemeenschappelijkheid met elkaar, zoals een gedeelde geschiedenis, tradities en achtergrond, vergemakkelijkt wordt. Men wordt zich bewust van de eigen identiteit en bewust van de verschillende achtergronden van waaruit we denken en handelen.

Met het brugmodel, het handvat bij het diversiteitsdenken, ga je nadenken welke waarden en belangen ten grondslag liggen aan bepaald gedrag en gehanteerde normen. Je leert te achterhalen vanuit welke visie mensen denken en doen. Via het brugmodel en het benadrukken van de zes houdingsaspecten in de communicatie verlopen dialogen tussen ondermeer hulpverleners, dienstverleners in zowel de profit- als non-profitsector en professionals in het onderwijs met hun cliënten, afkomstig uit diverse culturen, veel soepeler.

Doordat je je bewust wordt van welke waarden en belangen in een bepaalde situatie een rol spelen bij jezelf en de ander en hoe deze concreet vertaald worden in een norm of gedrag, leer je beter te communiceren, zowel intercultureel als 'gewoon'. Voor het verschil tussen gewoon communiceren en intercultureel communiceren nemen we het voorbeeld van de Amerikaanse arts die in contact komt met de Amerikaanse loodgieter Joe. De kans dat ze vanwege klassenverschillen soms moeite zullen ondervinden om met elkaar optimaal te communiceren is groot, maar de afstand tussen de Amerikaanse loodgieter Joe die in contact komt met de Marokkaanse loodgieter Joemane, zal veel groter zijn. Dat komt ondermeer omdat de twee Amerikanen dezelfde dominante cultuur en gemeenschappelijk taal spreken.

Van *intercultureel communiceren* is sprake als de afstand sprekspartners door de volgende factoren wordt vergroot niet dezelfde cultuur, men spreekt niet dezelfde moedertaal, de ge sprekspartners beheersen de gemeenschappelijk taal niet op gelijk niveau en men verstaat elkaars non-verbale communicatie niet goed. In dat geval is de afstand dermate groot dat meer tijd en aandacht nodig is om te komen tot een geslaagde cultuurbepaalde communicatie door overbrugging van cultuurverschillen.

Diversiteitsdenken verbetert de interculturele competenties

Interculturele competenties, met het oog op professionaliseren van het eigen handelen, verbeteren zienderogen met het diversiteitsdenken. Deze competenties, die men in de vingers krijgt op basis van meer kennis, juiste houding en oefenen in specifieke vaardigheden, zoals culturele empathie betonen, zijn weer nodig zijn voor een verdiept contact met de ander. Door in het contact de eigen waarden en belangen en die van de ander duidelijk te hebben, kunnen professionals beter leren inspelen op vragen en behoeftes van hun cliënten met diverse culturele achtergronden. Dat leidt tot een betere omgang met diversiteit.

Met betere omgang met diversiteit bedoel ik bijvoorbeeld dat een autochtone docent in het hoger onderwijs meer oog heeft en gevoeliger wordt voor de (latente) signalen die allochtone studenten afgeven. Vaak worden hun signalen niet altijd op juiste waarde geschat. Daardoor ontstaat al vanaf het begin een vertekend beeld over de ander. De ander, ter illustratie een jonge student van Marokkaanse komaf die in de ogen van de autochtone docent een zeer afwachtende houding aanneemt, is niet per se lui, maar heeft geleerd om uit respect voor de autoriteit instructies van bovenaf (in dit geval de docent) af te wachten. Inzicht in de wijze waarop leerstijlen al door de culturele achtergrond worden bepaald is noodzakelijk om studenten beter onderwijs te kunnen geven (zie bijlage 11: Onderwijs heeft nog te weinig oog voor cultuurverschillen.)

Een autochtone docent die uitgaat van een mondige of zelfstandige student, waaraan het merendeel van de Nederlandse autochtone jongens en meisjes door hun opvoeding beantwoordt, staat hier niet altijd bij stil. Opgeteld bij het feit dat niet alle allochtone studenten door hebben dat wat thuis gewaardeerd wordt op school juist wordt afgestraft, zal dat de situatie niet beter maken. Zo wordt assertief gedrag binnen een Marokkaanse familie als grof ervaren en bescheiden gedrag als een kwaliteit gewaardeerd. Bij sollicitaties worden bescheiden Marokkaanse jongeren minder snel aangenomen omdat de Nederlandse werkgever een gezonde dosis assertief gedrag als een kwaliteit ziet en te veel aan bescheidenheid interpreteert als gebrek aan werklust en ambities.

2.4 Positionering

Om diversiteitsdenken een plek te geven temidden van andere denkkaders en methodieken op het gebied van interculturele communicatie en diversiteit, vergelijk ik het met drie modellen:
1. drie-stappenmethode van David Pinto;
2. TOPOI-model van Edwin Hoffman;
3. het kruispuntdenken.

Ik licht deze drie modellen eruit omdat ze naar mijn overtuiging hetzij te normerend, te theoretisch of te complex van aard zijn, waardoor ze niet altijd bruikbaar zijn in de dagelijkse praktijk.

De *drie-stappenmethode* van David Pinto die hij halverwege jaren negentig als recept presenteert, staat haaks op het diversiteitsdenken en dus ook op het brugmodel. Zijn methode, waarbij je als eerste stap je eigen (cultuurgebonden) normen en waarden leert kennen, vervolgens als tweede stap ook die van de ander om als derde stap je grenzen te stellen, is veel te normerend opgesteld.
Dat kan ik het beste illustreren door achtereenvolgens zijn eerste stap en derde stap eruit te lichten.
Wat betreft de eerste stap: je leert de invloed van je eigen waarden en hoe je deze vertaalt in de praktijk echt kennen op het moment dat je in contact treedt met de ander. Bij diversiteitsdenken kun je pas stilstaan bij welke waarden en belangen jouw communicatie beïnvloeden als je daarop gewezen wordt in het contact met de ander. Zonder

HOOFDSTUK 2: DIVERSITEITSDENKEN TOEPASSEN

contact met de ander, leer je eigen waarden en normen niet goed kennen. Daarom is verdieping in de vraag welke waarden en belangen bij de ander een rol spelen een eerste vereiste om te achterhalen waarin deze verschillen met jouw waarden en belangen. Vandaar dat in het brugmodel dat de eerste stap vormt: eerst verdiepen in de ander. Daardoor leer je jezelf beter kennen.
Wat betreft de derde stap: het diversiteitsdenken stelt geen grenzen aan acceptatie en aanpassing aan de ander. Het diversiteitsdenken stimuleert juist om de eigen grenzen te verkennen en te verruimen door eerst de verschillen te benoemen en te bekijken of gemeenschappelijke (universele) waarden en/of belangen gedeeld kunnen worden.

De letters in het *TOPOI*-model van Edwin Hoffman staan voor de domeinen: taal, ordening, personen, organisatie en inzet. Door per domein algemene onderzoeksvragen te stellen, krijg je een algemeen beeld waarin mensen die met elkaar communiceren van elkaar verschillen en achterhalen wie welk aandeel daarin heeft. Het voordeel is dat je een overzicht hebt van algemene verschillen en mogelijke hypothesen voor ruis of miscommunicatie. Het nadeel is dat analyse van een mislukt contact in een gegeven casus door de hoeveelheid vragen altijd pas *achteraf* plaatsvindt. Bovendien dringt men niet meteen door tot het kern van het probleem, omdat men met beantwoording van de vele vragen per domein het overzicht kwijtraakt.

Het diversiteitsdenken is door haar eenvoudige opzet, de drie stappen van het brugmodel, tijdens het communiceren meteen inzetbaar. Daardoor kun je de communicatie vanaf het begin positief beïnvloeden. Daarnaast concentreert het brugmodel zich in tegenstelling tot het TOPOI-model wel direct op het hoofdprobleem. Het laat andere zaken die niet aan de orde zijn of slechts een marginale rol spelen in de communicatie, achterwege. Een laatste verschil is dat het brugmodel aansluit bij de dagelijkse realiteit waar communicatie onderhevig is aan een gekleurde kijk en talrijke interpretaties. Dat is anders bij het neutrale TOPOI-model dat vooral wil beschrijven wat geobserveerd wordt.

Het *kruispuntdenken* is een denkmodel dat in de basis veel gelijkenissen vertoont met het TOPOI-model, maar nog verder gaat in het analyseren van in samenhang bestuderen van diverse dimensies. Dit denken is erop gericht om tegenstellingen te overstijgen door telkens naar raakvlakken te kijken tussen verschillende dimensies, zoals etniciteit en gender. Het is ontstaan als een politiek instrument om discriminatie en achterstelling van (zwarte) vrouwen in de samenleving te bestrijden. Het kruispuntdenken, hoe nobel het idee erachter ook is, is veel te complex in gebruik omdat het geen concreet handvat biedt om mee aan de slag te gaan.

De voordelen van het diversiteitsdenken op een rijtje:

1. Het diversiteitsdenken is praktisch toepasbaar. Het brugmodel dat als handvat dient voor het diversiteitsdenken is heel eenvoudig in gebruik, ook tijdens het gesprek.
2. Het diversiteitsdenken nodigt je uit om een tolerante en open houding aan te nemen naar de ander, omdat het je aanspoort om je eerst de verdiepen in de ander.
3. Het diversiteitsdenken focust zich direct op het hoofdprobleem. Dat bespaart tijd.
4. Het diversiteitsdenken sluit aan bij de dagelijkse praktijk. Het laat ruimte over voor wat we zowel kunnen interpreteren als observeren bij de ander.
5. Diversiteitsdenken doet beroep op de zes houdingsaspecten, die iedereen in de praktijk kan oefenen en verbeteren. Het zijn concrete gedragingen die voor iedereen herkenbaar zijn.

In het volgende hoofdstuk wordt met voorbeelden gedemonstreerd hoe je concreet met diversiteitsdenken aan de slag kunt gaan. De volgende formule vormt daarbij een houvast.

> Diversiteitsdenken = gebruik brugmodel + aannemen zes houdingsaspecten

2.5 Samenvatting

Het diversiteitsdenken is bedoeld om orde te scheppen in de veelheid van gedachten die door onze hoofden flitsen als er in contact met de ander niet altijd gebeurt wat we 'normaal' op grond van onze ervaring en kennis verwachten. We kunnen pas orde scheppen als we ons eerst in de ander verdiepen. Daarbij nemen we niet alleen de juiste houding aan, maar proberen ook de juiste vragen te stellen. Om dat succesvol te kunnen doen hanteren we drie randvoorwaarden voor een geslaagde communicatie; kennis, empathie en bewustwording van vanzelfsprekendheden.

Door eerst na te gaan welke waarden en/of belangen in een bepaalde situatie een rol spelen bij ander, vervolgens na te denken over de eigen waarden en/of belangen, hierin de prioritering van de eigen verwachtingen en normen aan te geven en uit te spreken kunnen we mogelijke cultuurverschillen ontdekken. Deze culturele verschillen overbruggen, om de communicatie te verbeteren, wordt met diversiteitsdenken vergemakkelijkt. Eerst nadenken op welke punten je verschilt met de ander maakt je ook bewuster van de eigen vanzelfsprekendheden, zoals gehanteerde waarden en normen. Pas daarna kun je je verwachtingen vertalen in concreet gedrag en eventueel ook de overeenkomsten gaan zoeken, benoemen of benadrukken.

In figuur 5 is het diversiteitsdenken samengevat. Het diversiteitsdenken volgt de drie stappen van het brugmodel en wordt gekenmerkt door zes eigenschappen, de zes houdingsaspecten. Met het doorlopen van de drie stappen en het in contact met de ander benadrukken van de houdingsaspecten maakt het diversiteitsdenken op een systematische wijze ons bewust van onze kijk, gedrag en vanzelfsprekendheden. Met het gebruik van het brugmodel als handvat en de zes houdingsaspecten kan het diversiteitsdenken eigen worden gemaakt.

Figuur 5 *Het diversiteitsdenken samengevat.*

Stap 1	Probeer te achterhalen welke waarden en/of belangen in een bepaalde situatie een rol spelen in contact met de ander en check dat ook bij de ander.
Houding	Wees nieuwsgierig en onbevangen!
Stap 2	Ga na welke waarden en/of belangen in jouw communicatie met de ander een rol spelen en maak dat duidelijk aan de ander (uitleg!).
Houding	Wees oprecht en respectvol!
Stap 3	Besluit welke waarden en/of belangen voor jou de hoogste prioriteit genieten in een gegeven situatie en gedraag je daarnaar.
Houding	Wees authentiek en bescheiden!

Hoofdstuk 3
Diversiteitsdenken in de praktijk

In de voorgaande hoofdstukken ben ik ingegaan op het belang en betekenis van aandacht voor diversiteit, de inhoud van het diversiteitsdenken en de toepassing ervan. In dit hoofdstuk zal ik aan de hand van 11 casussen ingaan op het diversiteitsdenken in de praktijk.

3.1 Analyse casus 'Laila vraagt om hulp'

In deze casus wordt gedemonstreerd hoe je de eigenschappen van het diversiteitsdenken (*nieuwsgierigheid, onbevangenheid, oprechtheid, respect, authenticiteit en bescheidenheid*) in de drie stappen van het brugmodel kunt inzetten. Het doel is om succesvol contact te maken en betere dialogen te voeren.

Het verhaal over Laila wordt verteld door de 38-jarige Marleen C. Zij is gezinsbegeleider van Laila's gezin.

> Een Marokkaanse moeder van 45 jaar, Laila, klopt bij Bureau Jeugdzorg (BJZ) aan. Zij wil graag hulp bij de opvoeding van haar dochter Warda die 17 jaar is. Laila is getrouwd met een Marokkaan, Ahmed, van 48 jaar. Zij behoren allebei tot de eerstegeneratieallochtonen. Ahmed emigreerde op zijn 16e naar Nederland en Laila op haar 19e. Het gezin bestaat naast Warda uit Ali (19 jaar), Rachid (12 jaar) en Mustafa (8 jaar).
>
> Op basis van het voorgesprek is vanuit BJZ gezinsondersteuning geïndiceerd. Dat houdt in dat ik als gezinsbegeleider Laila een halfjaar lang begeleid bij de opvoeding van haar kinderen. De gesprekken die ik met Laila heb vinden bij haar thuis plaats. Om de hulpvraag van Laila helder te krijgen, vraag ik haar om meer te vertellen over haar opvoedingsachtergrond en haar migratiegeschiedenis. Laila zegt dat zij zeer streng maar wel rechtvaardig, is opgevoed. De moeite die ze nu heeft, is dat deze opvoedingsmethode niet werkt bij Warda. Zij luistert niet naar haar moeder. Omdat ik in het indicatierapport heb gelezen dat

> Laila tijdens de zwangerschap van haar dochter problemen had met haar echtgenoot, wil ik meer weten over de relatie met haar man. Ik vraag haar of ze hem hier of in Marokko heeft leren kennen. Ze antwoordt dat ze hem een halfjaar na haar komst in Nederland leerde kennen.
>
> Doordat ik merk dat Laila graag over haar familiegeschiedenis vertelt en mijn vragen open beantwoordt, durf ik meer te vragen. Ik vraag haar of ze voor haar man heeft gekozen of dat het een gearrangeerd huwelijk was. Laila geeft hierop geen antwoord en kijkt schuin weg. Ik doorbreek de stilte door haar in andere bewoordingen te vragen of zij zelf heeft gekozen voor haar man. Ik wil zeker weten dat ze mijn vraag begrijpt. In het gesprek heb ik mijn vragen al eerder in andere woorden herhaald, maar dit was meestal op haar verzoek omdat iets niet duidelijk was. De reden waarom ik wil weten of het een vrij gekozen of gearrangeerd huwelijk was, is omdat ik geloof dat een vrij of gedwongen huwelijk van invloed is op de opvoeding van haar kinderen. Weer kijkt Laila van me weg als ik mijn vraag herhaal. Doordat ze ook niet om verduidelijking vraagt, weet ik zeker dat ze geen antwoord wil geven. Ik besluit deze vraag te laten rusten en snijd een ander onderwerp aan.

In deze casus komen twee zaken duidelijk naar voren. Wat als eerste opvalt is dat de directe manier van vragen door Marleen over de totstandkoming van het huwelijk voor Laila zeer confronterend is. Laila zwijgt, kijkt weg en wil niet meer luisteren naar Marleen. Verder valt op dat Marleen zich bewust wordt van haar kijk op de gevolgen die gearrangeerde of vrije huwelijken kunnen hebben op de opvoeding van kinderen. Anders dan Laila is Marleen opgevoed met het idee dat het vanzelf spreekt om te kiezen voor de eigen partner.

Marleen kan zich niet voorstellen dat mensen in een gearrangeerd huwelijk samen gelukkig kunnen zijn. Hier staat de keuzevrijheid van Marleen in scherp contrast met Laila's houvast en gehoorzaamheid aan familietradities. Zij verschillen daarmee niet alleen in hun kijk op de wereld maar ook in mensbeeld. Terwijl Marleen, die opgegroeid is in Aristoteles-georiënteerde cultuur, gelooft dat ze zelf invloed heeft op met wie ze trouwt vindt Laila, die uit een Plato-georiënteerde cultuur komt, het heel normaal dat ze gekoppeld werd toen ze op haar 19e ging trouwen. Marleen niet, want zij is op dezelfde leeftijd eerst een tijdje zelfstandig gaan wonen. Hier zien we dat niet alleen de manier van vragen een rol speelt in de communicatie maar ook met welke waarden en normen iemand opgroeit. Qua mensbeeld zit Marleen dichter bij de mens als machine, dat tot uiting komt door het stellen van directe en zakelijke vragen, en Laila meer bij de mens als dier, doordat ze met haar zwijgen en schuin weg kijken laat zien aan Marleen dat ze haar emoties, die deze vraag oproept, niet wil delen met haar. De reden waarom is nu nog verborgen voor Marleen, maar wil ze de verschillen met Laila goed in beeld krijgen, dan moet ze *uit nieuwsgierigheid* eerst een goede mix van vragen stellen. Deze eerste eigenschap van diversiteitsdenken is bedoeld om zoveel mogelijk relevante informatie over de ander te vergaren in een eerste gespreksbeurt. Tegelijkertijd moet ze *onbevangen* het gesprek aangaan om een eerste vertrouwensband met de cliënt te creëren. Dat betekent dat ze openstaat voor de denkbeelden, gevoelens en het gedrag van Laila.

Als Marleen de communicatie op een andere manier had aangepakt, dan had ze misschien wel een antwoord gekregen. Laten we het gesprek oppakken bij Marleens vraag waar Laila haar man heeft leren kennen. De volgende informerende vragen stimuleren Laila om antwoord te geven.

Marleen: 'Waar heb je je man leren kennen. In Marokko of hier?'

Laila: 'In Nederland. Ik kwam hem een halfjaar na mijn aankomst tegen.'

Marleen: 'Ik ben nu heel nieuwsgierig. Hoe hebben jullie elkaar leren kennen?'

Laila: 'Ik heb hem voor het eerst ontmoet bij een bruiloft van mijn nicht.'

Marleen: 'Als je hem niet eerder hebt ontmoet, begrijp ik dan goed dat hij geen familie van je is?'

Laila: 'Ja, dat klopt. Hij is geen familie. Zijn ouders wonen in dezelfde straat als mijn nicht en ze gingen regelmatig bij de familie van mijn nicht op bezoek. Daarom waren ze ook uitgenodigd op haar bruiloftfeest. En daar heb ik hem voor het eerst ontmoet en gesproken.'

Marleen: 'En wat gebeurde er nadat je hem zag en sprak?'

Laila: 'Zijn ouders kwamen met hem twee maanden na de bruiloft bij ons op bezoek. Zij vroegen om mijn hand.'

Marleen: 'En hoe reageerden je ouders hierop?'

Laila: 'Ja, echt leuk, ik kreeg in Marokko al vaker aanzoeken, maar die heb ik allemaal geweigerd. Mijn ouders vonden dat niet altijd leuk, maar ze konden me ook niet dwingen. Ahmed was zeer beleefd en had werk. Mijn ouders vonden Ahmed wel een goede partij voor mij.'

Marleen: 'En wat vond jij ervan?'

Laila: 'Ik vond hem ook wel leuk en heb toegestemd om met hem te trouwen toen hij mijn hand vroeg bij mijn vader. Hij had humor en van die mooie ogen.'

Met meer informerende en invoelende vragen komt Marleen tot een veel beter inzicht hoe Laila is gekoppeld aan Ahmed. De vragen hoeven niet per se zo uitgebreid te zijn als hierboven. Waar het om gaat is dat de vragen die Marleen aan het begin stelt aan Laila allemaal in het teken staan van meer kennis en informatie vergaren over de ander. Dat is ook de eerste stap in het brugmodel: eerst kennis opdoen over de ander om te achterhalen welke waarden en belangen een rol spelen. Pas daarna volgt de tweede stap: Marleen vertelt nu zelf hoe ze tegen 'gedwongen' huwelijken aankijkt. Op deze wijze komt Laila meer te weten over waar Marleen in gelooft.

Met haar oorspronkelijke, confronterende vraag *'Heb je voor je man gekozen of was het een gearrangeerd huwelijk?'* spreekt Marleen onbedoeld en veel te snel haar waardeoordeel uit. Laila voelde zich met deze gesloten vraag in een hoek gedrukt. Welk antwoord ze ook geeft, ze voelt zich daar niet prettig bij. Als ze zou zeggen dat ze haar man had gekozen dan geeft ze een sociaal wenselijk antwoord. Bovendien zou Marleen haar waarschijnlijk niet zonder meer geloven. Haar politiekcorrect gedrag zou de vertrouwensband wederzijds verslechteren en dat is zeer slecht voor de hulpverlening. Als ze zegt dat het een gearrangeerd huwelijk betrof bevestigt ze het negatief waardeoordeel van Marleen. Marleen zou dat namelijk nooit geaccepteerd hebben op haar leeftijd en zou dat laten blijken. Het gevolg is dat Laila zwijgt als het graf en Marleen moet gissen op welke manier het gearrangeerd huwelijk plaatsvond: tegen haar zin gedwongen door haar ouders of gekoppeld met haar instemming?

Laten we eens kijken met welke typen vragen Marleen via de tweede stap in het brugmodel aan Laila vertelt hoe ze aankijkt tegen een gearrangeerd huwelijk. Bij deze stap benadrukt ze de twee andere eigenschappen van het diversiteitsdenken: *oprechtheid* en *respect* tonen voor Laila's verhaal en zorgen.

Marleen: 'Wat een mooi verhaal, de ontmoeting met je man. Weet je dat ik op jouw leeftijd net het huis uitging?'

Met deze opmerking geeft Marleen meer informatie over zichzelf. Doordat Marleen persoonlijk wordt, Komt Laila meer te weten over haar. Zo leren ze elkaar beter kennen en krijgen ze meer *respect* voor elkaar. Met haar *oprechtheid* prikkelt ze Laila's belangstelling:

Laila: 'Zo jong uit huis, echt waar?'

Marleen: 'Ja, en dat ging niet zomaar. Je moest eens horen hoe boos mijn moeder werd toen ik zei dat ik zelfstandig wilde gaan wonen. Wat zou je ervan vinden als je dochter over twee jaar ook dat zou doen zoals ik toen?'

Laila: 'Daar maak ik me nou net zorgen over. Ik wil niet dat Warda uit huis gaat wonen voordat ze getrouwd is. Ze gedraagt zich nu als een jongen. Ze gaat vaak naar de stad, komt steeds later thuis, doet wat ze wil en dat maakt me boos.'

Met haar oprechtheid heeft Marleen bereikt dat Laila veel makkelijker praat over wat haar dwars zit in de relatie met haar dochter. Nu kan Marleen vragen waar de schoen wringt.

Marleen: 'Waar maak je je precies zorgen om?'

Laila: 'Dat ze uit huis vertrekt, het verkeerde pad opgaat en slechte mensen ontmoet.'

Marleen weet waar Laila bang voor is: dat Warda van huis wegloopt en een slecht mens wordt. Marleen kan via het tonen van culturele empathie Laila's zorgen beter in beeld krijgen en respect tonen voor haar zorgen. Dat kan door meer over haar eigen ervaringen te vertellen.

Marleen: 'Ik begrijp je helemaal. Jouw reactie doet me denken aan mijn lieve moeder. Ook zij maakte zich erg veel zorgen over mij, maar het is allemaal goed gekomen, hoor! Eerst vertrouwde ze me helemaal niet. Ik heb veel problemen gehad in het begin. Het heeft lang geduurd voordat we elkaar begrepen en zij mijn vrijheid respecteerde. Ik was best wel koppig in die tijd. Misschien lijk ik wel op je dochter Warda? Haha.'

Hierboven heeft Marleen op een persoonlijke manier het probleem van Laila in een historisch kader geplaatst. Daarnaast heeft ze in de laatste zin humor ingezet om Laila te bewegen een standpunt te nemen in het verhaal dat ze zojuist vertelde. Laila zal een reactie geven op haar vraag.

Laila: 'Maar jij bent goed terechtgekomen. Het probleem met Warda is dat ze niet wil luisteren naar mij. Ze gaat gewoon haar eigen weg. Ik wil dat je me helpt dat ze weer doet wat ik zeg.'

Door nu door te vragen komt Marleen uiteindelijk tot de kern van het probleem.

Marleen: 'Heb je enig idee waarom ze niet meer naar je luistert?'

Laila: 'Ik weet het niet. Ze is gewoon brutaal geworden sinds ik haar te veel vrijheid gaf om in de stad met haar vriendinnen te winkelen. Als straf moet ze thuisblijven en mij helpen in de huishouding.'

Marleen weet met deze opmerking van Laila voldoende om de derde stap in het brugmodel te maken: besluiten welke waarden en/of belangen de hoogste prioriteit genieten. Daarbij probeert ze een brug te slaan tussen zichzelf en Laila met haar problemen met Warda. Marleen moet zich hierbij *bescheiden* opstellen en altijd dicht bij haar eigen belevingswereld blijven. Zo blijft ze *authentiek* naar Laila. Dit verhoogt haar geloofwaardigheid.

Marleen: 'Ik begrijp je zorgen, maar ik begrijp de situatie van Warda ook. Zij is hier opgegroeid en ziet hoe haar Nederlandse vriendinnen zich anders gedragen. Ze zijn vrij om te doen en laten wat ze willen. Het is heel normaal dat kinderen niet altijd hetzelfde leven willen leiden als hun moeder. Zullen we kijken op welke manier je weer contact kunt krijgen met Warda?'

Laila: 'Ja, graag, ik kan wel wat hulp gebruiken.'

Hierboven is helder geïllustreerd hoe Marleen de derde stap in het brugmodel maakt. Marleen geeft haar visie op wat ze hoort en wat ze ervan vindt. In dit voorbeeld vertelt Marleen vanuit haar eigen ervaring hoe zij tegen de waarde 'keuzevrijheid' aankijkt (haar belang is om zelfstandig beslissingen te nemen). Hoewel Marleen dat niet expliciet zegt, hoort er natuurlijk ook dit bij: Marleen bepaalt zelf met wie ze trouwt. Marleen maak op deze manier aan Laila duidelijk waarin zij gelooft. Laila hoort dat aan, maar gaat niet in discussie. Haar belang is om hulp te krijgen bij de opvoeding van haar dochter Warda. Dat Marleen anders denkt over gearrangeerde huwelijken, vindt ze van minder belang. Dat geldt ook voor Marleen. Daarmee heeft Marleen haar authenticiteit behouden: ze heeft zich niet anders voorgedaan dan ze werkelijk is.

Om met terugwerkende kracht Laila's gedwongen huwelijk te veroordelen, draagt niet bij aan een goede communicatie. Daarin moet Marleen dus *bescheidenheid* betrachten. Laila is in een andere cultuur opgegroeid, waar gearrangeerde huwelijken meer geaccepteerd worden. Wat telt is dat zowel Laila als Marleen aan elkaar verteld hebben welke waarden ze hooghouden. Het belang wordt door beiden gedeeld: Laila krijgt hulp in de opvoeding van Warda. Het zou jammer zijn als door gebrek aan ondersteuning de relatie tussen moeder en dochter onherstelbaar wordt. Vandaar dat Marleen aan het einde als voorportaal van de laatste stap van het brugmodel Laila de vraag stelt 'Heb je enig idee waarom ze niet meer naar je luistert?' Met deze vraag slaat Marleen een verbinding tussen haar belevingswereld (relatie met haar moeder toen ze zelfstandig haar eigen weg wilde volgen) en die van haar dochter Warda die niet het voorbeeld van haar moeder wil volgen.

3.2 Casussen op verschillende dimensies diversiteit

Nu gaan we verder aan de slag om het diversiteitsdenken te stimuleren aan de hand van meer praktijkvoorbeelden. We gebruiken daarbij telkens de stappen van het brugmodel als leidraad en de zes houdingsaspecten. De casussen zijn afkomstig van professionals in de hulpverlening. Ze spelen zich zowel af in een gedwongen als vrijwillig werkkader. Aan de hand van deze tien praktijkvoorbeelden gaan we bekijken op welke wijze met diversiteitsdenken de onderlinge communicatie verbeterd kan worden.

De tien casussen, die zich afspelen op verschillende dimensies van diversiteit, zoals leeftijd en etniciteit, zijn uitgewerkt op vijf terreinen van misverstanden en irritaties:
1. Misverstanden in relaties aanknopen;
2. Irritaties vanwege 'ja zeggen, nee doen';
3. Irritaties vanwege vanzelfsprekendheden;
4. Irritaties vanwege taalgebruik;
5. Irritaties vanwege discriminatie (onder andere kijk rol man/vrouw).

Misverstanden in relaties aanknopen

CASUS 1: ABDUL VRAAGT OM EEN GUNST

In de penitentiaire inrichting is een grote behoefte onder het personeel om beter om te gaan met gunsten en verzoeken van gedetineerden van buitenlandse afkomst. In de volgende casus wordt deze behoefte bevestigd door Hein, een medewerker van 35 jaar die werkt bij het Bureau Selectie en Detentiebegeleiding (BSD). Eerst vertelt hij wat hij zo leuk vindt aan werken met mensen van verschillende culturen. Daarna vertelt hij over zijn ervaring met Abdul.

> Ik schat dat tweederde deel van onze populatie uit een niet-westerse cultuur afkomstig is. Hierdoor kom ik in contact met veel mensen met een andere etnische afkomst. Dat beschouw ik als één van de leuke kanten van mijn werk. Het verbaast me dat groepen gedetineerden met verschillende achtergronden zo probleemloos met elkaar samenleven. Dat is buiten op straat niet altijd het geval.

> Ik denk dat het te maken heeft dat de jongens dicht op elkaar leven. Ze kunnen elkaar moeilijk vermijden en zodoende leren ze elkaar kennen. Doordat het personeel vooral wit is, ontstaan er weleens misverstanden. Zo vroeg Abdul, een Marokkaanse man van mijn leeftijd, mij om hulp bij overplaatsing. Hij wilde graag overgeplaatst worden naar Rotterdam omdat zijn zus, die in Rotterdam op bijstandsniveau met haar pasgeboren baby probeert te overleven, de reiskosten naar onze penitentiaire instelling niet meer kon betalen.
>
> Ik adviseerde Abdul een verzoek om overplaatsing in te dienen. Ik benadrukte dat hij dat recht heeft. Tegelijkertijd vertelde ik hem uit ervaring dat zijn verzoek waarschijnlijk niet gehonoreerd zou worden. Ik legde hem uit dat overplaatsing niet plaatsvindt als de inrichting waar hij naartoe wil in hetzelfde ressort valt als waar hij nu verblijft. Toen hij me verbaasd aankeek herhaalde ik nogmaals dat hij het recht heeft om het verzoek in te dienen, maar dat hij wel rekening moest houden met een afwijzing. Hierna werd Abdul erg boos en gebaarde dat ik weg moest gaan. Hij zei er meteen achteraan dat hij zijn verzoek introk. Ik begreep niet waarom hij zo boos werd. Met mijn extra uitleg wilde ik alleen maar informatie en duidelijkheid geven. Ik probeerde te achterhalen waar zijn boosheid vandaan kwam, maar Abdul wilde daar niet op ingaan.

Doordat Hein zegt dat Abdul recht heeft om een verzoek in te dienen maar er meteen bij vertelt dat hij zijn kansen op een succesvolle overplaatsing uitsluit, ontstaat er bij Abdul irritatie. Hein laat met zijn nadruk op *duidelijkheid* verschaffen zien dat hij een mens-als-machine-mensbeeld heeft. Dit mensbeeld staat haaks op het mensbeeld van Abdul, namelijk: mens-als-boom-mensbeeld. Abdul vraagt met zijn verzoek begrip voor zijn situatie en wil via de relaties van Hein zijn situatie verbeteren. Hij had gehoopt dat Hein meer medeleven en compassie zou tonen omdat zijn zus en haar pasgeboren kind hem niet meer konden bezoeken.

Het gesprek had beter kunnen verlopen als Hein het gesprek *nieuwsgierig* en *onbevangen* in was gegaan. Laten we het gesprek oppakken op het moment dat Abdul een mondeling verzoek aan Hein doet. We beginnen met de eerste stap van het brugmodel: de ander beter leren kennen.

Hein: 'Ik begrijp dat je een goede reden hebt om overplaatsing. Jouw zus met baby kan het financieel niet meer bolwerken om je te komen opzoeken. Dat is erg vervelend. Iedereen heeft recht tot verzoek om overplaatsing. Ik wil je graag behulpzaam zijn, maar dan wil ik wel weten wat ik voor je kan betekenen.'

Abdul: 'Ik zou je dankbaar zijn als je dat allemaal regelt voor me. Ik zit niet in die positie om dat te doen, jij wel, begrijp je?'

In deze eerste stap geeft Hein uitdrukking aan wat voor hem een belangrijke waarde is: *behulpzaamheid*. Hij zegt dat hij hem behulpzaam wil zijn, maar vraagt vanuit een nieuwsgierige en onbevangen houding op een vriendelijke manier wel door aan Abdul wat hij voor hem kan betekenen. Zo tast Hein af welke waarde achter het belang van Abdul zit. Abdul spreekt Hein aan op zijn *status* als medewerker, namelijk dat hij in zijn positie in staat is om overplaatsing te regelen. Nu kan Hein iets van zijn waarde als *duidelijkheid* en *eerlijkheid* geven demonstreren in zijn tweede stap van het brugmodel. Hierin moet hij *oprecht* zijn in wat hij voor Abdul kan betekenen. Niet alleen geeft hij aan waarom hij hem niet zo kan helpen zoals Abdul wil, maar legt ook uit waarom niet. *Oprechtheid* is de derde eigenschap van het diversiteitsdenken.

Hein: 'Daar kan ik heel helder over zijn: dat kan ik helaas niet. Iedereen moet een procedure volgen. Eerst moet je schriftelijk een verzoek indienen en daarna moet je afwachten of je toestemming krijgt.'

Met deze verheldering maakt Hein de tweede stap: hij maakt aan Abdul duidelijk waar de grenzen van zijn behulpzaamheid liggen. In dit stadium is het belangrijk dat Hein zijn verwachtingen uitspreekt en daarmee zegt hoe hij met Abdul wenst om te gaan. Hein heeft geen invloed op zijn verzoek. Met deze opmerking geeft Hein aan Abdul een helder signaal af. Hein legt uit dat er een procedure bestaat die hij – net als ieder ander – moet volgen. Hein kan met andere woorden dus niets regelen voor Abdul. Zo voorkomt Hein dat Abdul een verwachtingspatroon heeft waaraan Hein niet kan voldoen.

In culturen waar niet de procedures, regels en het principe van gelijkheid de boventoon voeren maar de contacten waarover je beschikt en cliëntelisme een geaccepteerd(er) verschijnsel is, is iemand in een machtspositie vragen om iets te regelen normaler. Met dit inzicht kunnen veel misverstanden voorkomen worden. Zo zijn veel leden van niet-westerse culturen die op zoek zijn naar een woning verbaasd als een wethouder met 'wonen' in zijn portefeuille niet voor hen persoonlijk een huurwoning kan regelen. Op zijn beurt is de Nederlandse wethouder weer verbaasd dat zij denken dat zij via hem, en niet via de procedures die voor iedereen gelden, zoals inschrijven, een woning kunnen bemachtigen. Om de verbazing niet om te laten slaan in irritatie en elk misverstand te voorkomen, is het verhelderen en uitleggen van de verwachtingen over en weer een vereiste. Dat gebeurt in de tweede stap van het brugmodel.

Hein heeft met zijn opmerking uitgesloten dat hij iets kan regelen voor Abdul. Nu kan Abdul twee dingen doen: uit teleurstelling niets meer zeggen of Hein vragen om andere soort hulp. In het eerste geval kan Hein het hierbij laten en zijn werkzaamheden hervatten. Op deze wijze heeft Abdul voor Hein de derde stap van het brugmodel dichterbij gehaald: ze gaan ieder hun eigen weg. Door hier de derde eigenschap van het diversiteitsdenken in te zetten, kan de dialoog weer worden vlot getrokken

Hein toont meer respect voor Abdul als hij na verheldering van zijn verwachtingen in de tweede stap, hem nog vertelt dat hij hem kan helpen zijn verzoek door te lezen en daarop commentaar te leveren. Dat is het maximale wat Abdul kan verwachten van Hein. Met deze respectvolle manier laat Hein zien dat hij met Abdul meeleeft.

Hein: 'Wat ik wel kan doen is je verzoek lezen en er commentaar op geven. Wat vind je ervan?'

Zo biedt Hein hulp aan waaraan hij wel kan voldoen. Mocht Abdul daar niet op willen ingaan, dan houdt het gesprek op, is derde stap al gemaakt en gaan beiden hun eigen weg. In het tweede geval accepteert Abdul de hulp van Hein. Abdul zou het volgende kunnen vragen.

Abdul: 'Kun je me dan helpen om zo'n verzoek te schrijven?'

Hein: 'Ja, dat kan ik, maar ik wil dat jij daar wel een opzet voor maakt. Dan kan ik kijken of het verhaal zoals jij dat aan mij verteld hebt duidelijk overkomt.'

Abdul: 'Daar begin ik vandaag mee. Ik ga het schrijven, jij gaat het nalezen en verbeteren. Dan kan ik er toch gerust van uitgaan dat ik een positief antwoord krijg.'

Abdul dwingt Hein met zijn laatste opmerking om te bevestigen dat zijn verzoek met zijn hulp ingewilligd wordt. Het verschil met de tweede stap van het brugmodel is dat Abdul er niet meer vanuit gaat dat Hein van het begin tot het einde alles wel kan regelen. Abdul realiseert zich dat hij zelf het verzoek moet opstellen. Het begin is dus aan Abdul en het resultaat is niet in handen van Hein. Maar daartussenin zou Abdul wel kunnen denken dat Heins hulp voor een positief antwoord zorgt.
Om onnodige misverstanden of teleurstellingen te voorkomen moet Hein *bescheiden* zijn in wat hij kan betekenen voor Abdul. Dat kan hij op een eerlijke manier overbrengen door *authentiek* te zijn. Met deze twee laatste eigenschappen doorloopt Hein de laatste fase van het diversiteitsdenken.

Hein: 'Daar beslis ik niet over. Als jij vindt dat jij een goede reden hebt voor overplaatsing, dan heb je het recht om dat in te dienen. Wat ik kan doen, is je helpen door commentaar te geven op je verzoek. Neem even de tijd om over mijn aanbod na te denken.'

Met zijn laatste opmerking maakt Hein duidelijk wat hij maximaal kan betekenen voor Abdul. Hiermee is de laatste stap van het brugmodel gezet: Hein heeft een definitief besluit genomen hoe om te gaan met het verzoek van Abdul. Doordat hij de eigenschappen van het diversiteitsdenken in zijn houding gebruikt, blijft hij tot aan het einde heel vriendelijk tegen Abdul. Nu is het aan Abdul om in te schatten of hij het zinvol acht om een verzoek tot overplaatsing alsnog in te dienen. Als hij het belangrijk genoeg vindt dat zijn zus bij hem op bezoek komt, zal hij hier extra tijd in steken. Het risico dat het afgewezen wordt, is altijd aanwezig. Op de uitkomst heeft Hein geen enkele invloed. Wat telt is dat hij Abdul op een vriendelijke en correcte manier heeft gewezen op zijn recht en zelfs aangeboden om zijn verzoek van tevoren te lezen. Abdul kan niet anders dan waardering uitspreken voor Hein in plaats van geïrriteerd doen in de oorspronkelijke casus. Dat is de winst van het diversiteitsdenken!

CASUS 2: MEHMET VERLIEST HET CONTACT MET ZIJN ACHTERGROND
De casus hieronder verhaalt over een schrijnende situatie waarin sommige oud-gastarbeiders terecht kunnen komen. Voor de meeste ervan is het geen pretje om na hun pensionering in een gat van eenzaamheid te vallen. Zij hebben meestal hun hele leven lang hard gewerkt voor het gezin en de familie in het land van herkomst. Toen genoten ze nog status, maar er was nauwelijks tijd voor het gezin of om na te denken over zingevingsvraagstukken. Nu ze met pensioen zijn en veel tijd over hebben om terug te kijken naar hun verleden, lijkt niemand zich om hen te bekommeren. Het contact met sommige familieleden wordt zeer zakelijk van aard. Dan wil een enkeling die zich uit teleurstelling helemaal terugtrekt uit de samenleving weleens naar de fles grijpen om de leegheid van zijn bestaan weg te drinken, zoals Mehmet in onderstaande casus. Er zijn er ook die al hun dagen juist slijten in het bezoeken van de moskee en minimaal tijd besteden aan de familie. Ze zitten vol met emoties die onbesproken blijven en zitten qua mensbeeld het dichtst bij mens als dier. Omdat ze de ander niet altijd vertrouwen, potten ze hun gevoelens op en houden het verborgen voor de buitenwereld. Sommigen zelfs voor kun kinderen. In het geval van Mehmet is Kees zijn begeleider op het opvanghuis. Kees vertelt het volgende verhaal.

> Mehmet is een oudere Turkse man van 67 jaar. Hij is een moslim, maar bidt niet vijf keer per dag. In de jaren zestig van de twintigste eeuw kwam hij als gastarbeider naar Nederland. Hij ging werken bij een assemblagefabriek in een middelgrote stad. Zijn vrouw heeft Nederlands geleerd en is net als haar kinderen daarna nog verder gaan studeren. Hoewel Mehmet in het begin zijn vrouw niet tegenhield om te leren, heeft hij er veel moeite mee gekregen dat zijn vrouw het Nederlands beter ging beheersen dan hij. Daarom behandelde zij ook de post. Hij vervreemdde van zijn vrouw en kinderen. Mehmet ging steeds vaker drinken en bejegende zijn vrouw en kinderen agressief. De situatie thuis was onhoudbaar. Zijn vrouw scheidde van hem een paar jaar voordat hij met pensioen ging. Vanwege zijn buitensporige drinkgedrag kwam hij terecht bij GGZ & Novadic. Na behandeling werd hij een matige, maar wel een consequente drinker. Uiteindelijk belandde hij via GGZ & Novadic in een particulier opvanghuis voor langdurige dak- en thuislozen. Daar krijgt hij mij als begeleider toegewezen.

> Als dit bericht zijn twee oudste kinderen, Taner en Osman, respectievelijk 37 en 42 jaar oud, bereikt vragen zij meteen een gesprek met mij aan. Zij willen graag dat hun vader overgeplaatst wordt naar een ander huis. Omdat ze hem niet vaak kunnen zien willen ze dat er meer controle is op wat hun vader te eten en drinken krijgt, omdat hij zich volgens hen moet houden aan strikte islamitische voorschriften. Daarnaast willen zij dat hun vader zijn geloof kan belijden. Zij willen niet meer dat hun vader varkensvlees eet en alcohol drinkt. Ook willen ze dat hij vaker de moskee gaat bezoeken en Turks kan eten als hij dat wil. Ik ben verbaasd over hun verzoeken omdat Mehmet daar zelf geen problemen mee heeft en goed functioneert in het opvanghuis. Ik zeg dat ik qua geloofsbeleving niet veel verschil met Mehmet. Ik ben niet-praktiserend katholiek en houd me niet streng aan de regels. Ze zeggen dat hun vader een beetje in de war is en dat hij door het geloof weer genezen wordt door Allah. Maar dan moet ik wel meehelpen zodat hun vader zich weer aan de islamitische regels kan houden.

Kees wordt in deze casus geconfronteerd met veel verschillende problemen. Ik richt me hier met name op een ethisch vraagstuk dat zich afspeelt binnen de dimensie 'spiritualiteit'. De twee Turkse kinderen van de cliënt Mehmet moedigen de begeleider aan de tradities weer op te pakken zodat hun vader met terugkeer naar het geloof weer genezen kan worden. Wat doe je als begeleider in zo'n geval?
Op het moment dat Kees op zo'n vraag antwoordt dat hij als katholiek niet veel verschilt met Mehmet, wil hij de overeenkomsten met hun vader benadrukken. Hij slaat de twee eerste stappen van het brugmodel over en zoekt meteen naar de verbindingen tussen hem en hun vader. Osman, die ouder is dan Taner en het meest aan het woord is, antwoordt daarop het volgende.

Osman: 'Mijn vader is in de war. Hij mag zoals ik al zei geen varkensvlees en alcohol nemen en moet elke dag bidden tot Allah. Daarom willen we graag dat hij minimaal elke vrijdag naar de gebedsdienst in de moskee gaat. Als hij andere gelovigen tegenkomt, dan zal zijn geloof vanzelf sterker worden.'

Osman benadrukt opnieuw de verschillen. Nu kan Kees net zo lang doorgaan met overeenkomsten benadrukken, maar ze zullen het niet eens met elkaar kunnen worden. Beter is dat Kees eerst probeert te achterhalen waarom ze dat willen en hoe Mehmet vóór zijn verslaving tegen het geloof aankeek. Hij zal dus met de eerste stap van het brugmodel moeten beginnen. Hij kan dat doen door nieuwsgierig en onbevangen over te komen. Dan zal hij eerst beginnen met informerende vragen.

Kees: 'Om al onze cliënten beter te kunnen begrijpen en beter van dienst te kunnen zijn, willen we altijd meer weten over hun verleden. Kunnen jullie mij meer vertellen wat hij vóór zijn verslaving deed?'

Osman: 'Mijn vader werkte altijd heel hard. Hij had geen tijd voor ons omdat hij of aan het werk was of aan het uitrusten voor de Turkse televisie.'

Door belangstelling te tonen voor hun verhaal over hoe hun vader in hun ogen vroeger was, ontstaat direct een ontspannen sfeer. Door hier door te vragen over zaken die van belang zijn en te checken of ze kloppen, krijgt Kees nog een beter beeld van hun kijk op hun vader. Kees kan het volgende opmerken:

Kees: 'Ik kan me voorstellen dat jullie het niet altijd leuk vonden dat hij geen tijd voor jullie had. Heb ik gelijk als ik dat beweer?'

Osman: 'Het was niet altijd leuk, alleen op vakantie eens in de twee jaar in Turkije zagen en spraken we hem vaker. Dan was hij weer blij.'

Kees: 'Als hij een keer tijd had na zijn werk wat deed hij dan het liefst? Ging hij naar de moskee?'

Osman: 'Ja, soms, tijdens de vastenmaand Ramadan en het offerfeest, maar vaker ging hij naar het Turks theehuis.'

Met deze informerende vragen krijgt Kees een nog beter beeld van hoe Mehmet omging met wereldse en geloofszaken. Ondanks het feit dat de kijk van Osman en Taner gekleurd is, kan Kees enkele conclusies trekken en checken of dat klopt zonder hun vader tekort te doen. Hij kan het volgende zeggen.

Kees: 'Ik begrijp dat Mehmet al voor zijn verslaving niet zo streng was in zijn geloof, klopt dat?'

Osman: 'Ja, hij vond het ook leuk om gezellig met zijn vrienden backgammon te spelen en te kaarten. Nu hij echter verslaafd is, zijn we bang dat hij zijn Turkse achtergrond helemaal verwaarloost.'

Kees vermoedt na dit antwoord dat hun angst is dat hun vader zich steeds verder verwijdert van zijn Turkse identiteit. Dat zou wellicht de reden kunnen zijn waarom zij de islamitische regels extra benadrukken. Maar Kees kan pas zeker zijn of zijn vermoeden klopt door hier uitdrukkelijk naar te vragen.

Kees: 'Is de verwijdering van zijn achtergrond de reden waarom jullie willen dat ik graag meewerk dat hij geen varkensvlees eet, geen alcohol meer drinkt en weer vaker naar de moskee gaat?'

Osman: 'Als je ons kunt helpen, graag.'

Het vermoeden is bevestigd, ook al hebben ze geen direct 'ja' geantwoord. Ze hebben aangegeven dat de hulp van Kees welkom is om hun angst weg te nemen. Nu Kees de dieperliggende oorzaak, hun zorg dat hun vader steeds verder verwijderd raakt van zijn achtergrond, kan hij naar de tweede stap van het brugmodel gaan. Hij hoeft geen informerende vragen meer te stellen, maar vertelt nu over zijn ervaring als katholiek. Dat doet hij op een integere wijze en met respect voor Osman en Taner. Zo geeft Kees aan hoe hij tegen de situatie aankijkt en wat hij voor hen en hun vader kan doen.

Kees: 'Ik zal vertellen wat ik wel en niet kan doen. Met geen varkensvlees eten kan ik rekening houden, want we hebben ook mensen die helemaal geen vlees eten. Met alcohol ligt dat moeilijker, want jullie vader is al een tijdje verslaafd, maar we werken er wel aan om hem van zijn verslaving te laten genezen. Ik kan jullie vader niet opdragen om volgens andere geloofsregels te leven. Dat is aan hem. Wat ik wel kan doen is jullie vragen om hem vaker te bezoeken en misschien ook mee te nemen naar de moskee. Lukt dat?'

Osman: 'We hebben het te druk met ons werk en gezin. Daarom willen we je vragen om het van ons over te nemen.'

Kees kan hen in de derde stap van het brugmodel confronteren met wat Osman zei over zijn vader eerder in het gesprek. Hij blijft bescheiden in wat hij kan bereiken, maar spreekt wel een waardeoordeel uit over hun gedrag. Daardoor komt hij authentiek over.

Kees: 'Jammer dat het jullie het zo druk hebben. Wat dat betreft nemen jullie een voorbeeld aan jullie vader, want die had het ook zo druk. Nu heeft hij alle tijd van de wereld.'

Met deze laatste opmerking zet hij Osman en Taner aan het denken. Zij krijgen een spiegel voorgehouden en worden zich bewust van wat ze vragen aan Kees en wat ze zelf kunnen bijdragen. Als ze willen dat hun vader niet zo verwijderd raakt van hun Turkse achtergrond zullen ze ook iets meer tijd moeten nemen voor hun vader. Het is nu aan hen om zich af te vragen hoe zinvol ze het achten om extra tijd voor vader te nemen en zo een diepere band op te bouwen en te zorgen dat hij niet verder verwijderd raakt van zijn Turkse achtergrond en familie.

Irritaties vanwege 'ja zeggen, nee doen'

CASUS 3: SALEH HOUDT ZICH NIET AAN DE AFSPRAKEN
De volgende casus speelt zich af in de context van de crisisopvang. Hier spelen verschil in culturele bagage en waardenoriëntatie een rol.

Marjolein, die al 5 jaar in de crisisopvang werkt, vertelt het volgende verhaal dat typisch lijkt te zijn voor de omgang tussen de *laat-ik-het-maar-snel-regelen-houding* van veel Nederlanders en de houding van veel Somaliërs die wat meer tijd nemen en vaak een afwachtende houding vertonen. De laat-ik-het-snel-maar-regelen-houding komt vaker voor bij mensen die het mens-als-machine-mensbeeld hanteren. De meer afwachtende houding komt vaker voor bij mensen die het mens-als-dier-mensbeeld hanteren.

> De casus betreft de hulpverlening aan een Somalische cliënt, die in de crisisopvang terechtkomt. Saleh is 25 jaar en woont al 10 jaar in Nederland. Ik begeleid hem 3 maanden. Hij had twee hulpvragen: uit de schulden komen en het vinden van een woonruimte. Gezamenlijk hebben we een traject uitgezet waarbij zowel hij als ik acties moesten ondernemen. Al vrij snel bleek dat hij zich niet hield

> aan de gemaakte afspraken. Hij kwam nooit met voorstellen wat er moest gebeuren en liet mij met ideeën komen waar taken aan vast zaten. Zo schreef ik hem in bij uitzendbureaus, zocht ik rekeningen op van achterstallige betalingen, hing ik briefjes op de supermarkt om voor hem een kamer te vinden. Ik sprak met hem af dat hij deze taken volgende week zelf zou gaan doen.
>
> Het probleem was dat hij dat niet deed of maar half. Ik vroeg hem hoe dat kwam, maar ik kreeg geen helder antwoord. Vaak kwam hij in mijn ogen met een smoes. De ene keer was hij ziek, zijn been deed zeer of ze stuurden hem weg. Ik begreep er helemaal niets van, want zijn termijn van recht op begeleiding zat er bijna op. Hij wist dat hij moest vertrekken zonder perspectief op oplossing van zijn schulden en het vinden van een woonruimte. Als ik liet blijken dat ik niets begreep waarom hij zijn afspraken niet nakwam, probeerde hij me te paaien. Zo voelde dat in mijn beleving. Hij zei dat hij echt niet wist hoe alles in Nederland werkte en dat hij vaak nachtmerries had als kindsoldaat. Omdat hij vaak hoofdpijn had vond hij dat ik vooral voor hem het werk moest doen. Dan was hij ook heel dankbaar en boog zijn hoofd nederig naar mij. Ik was dan ten einde raad.

In deze casus komt een aantal zaken aan de orde, die cultuurbepaald zijn. Zowel de cliënt als de hulpverlener gaan uit van hun vanzelfsprekendheden. De cliënt gaat ervan uit dat al zijn problemen professioneel worden opgelost en de hulpverlener gaat ervan uit dat zij daar hulp bij krijgt van de (mondige) cliënt. Naast culturele misverstanden komt naar voren dat de cliënt meerdere hulpvragen heeft dan alleen van zijn schuld afkomen en een woonruimte vinden.

Als we deze casus uitwerken volgens het brugmodel komt een aantal conflicterende waarden en extra hulpvragen tevoorschijn. Een waarde als zelfstandigheid, lot in eigen hand nemen, is de hulpverlener niet vreemd. Dat is wat ze mist bij haar cliënt. Hoewel hij met zijn gebogen hoofd zeer veel respect betoont aan de hulpverlener, gaat hij er wel van uit dat zij al zijn problemen oplost. Hij stelt zich zeer afhankelijk op omdat hij ervan uit gaat dat het haar werk is om problemen van cliënten op te lossen. Behalve dat er conflicterende waarden in het spel zijn, zijn de verwachtingen van elkaar niet helder uitgesproken. Daardoor komt het gezamenlijk gedragen belang (schuldprobleem oplossen door werk te zoeken en woonruimte vinden) in de knel. De hulpverlener ging ervan uit dat zij samen aan de twee door haar gesignaleerde hulpvragen (werk en woonruimte) zouden aanpakken. We beginnen het gesprek daar waar Saleh zijn hoofd buigt voor Marjolein. Marjolein moet proberen meer te weten te komen over Saleh.

Marjolein: 'Ik waardeer je dankbaarheid, maar ik denk dat we elkaar niet goed begrijpen. Je komt je afspraken niet na. Zo kan ik je niet verder helpen. Ik wil even alles op een rij zetten voordat we nieuwe afspraken maken. Mag ik vragen wat je precies van me verwacht?'

Saleh: 'Ja, ik heb veel respect voor jou. Jij moet mij helpen mijn problemen op te lossen want ik weet echt niet hoe het hier werkt.'

Met de eerste stap van het brugmodel bedankt Marjolein Saleh voor in haar ogen zijn nederige gebaren (gebogen hoofd). Daarna probeert ze te achterhalen wat Saleh het belangrijkste vindt in zijn zaak. Marjolein vraagt door.

Marjolein: 'Je noemde daarnet meerdere problemen, zoals je last van nachtmerries over je tijd als kindsoldaat. Vanwege tijdgebrek kunnen we ze niet allemaal aanpakken. Vandaar mijn vraag: welk probleem heeft voor jou prioriteit? Met andere woorden: waar heb jij het meeste last van?'

Saleh: 'Ik krijg hoofdpijn van al mijn schulden. Ik wil graag eerst werk, dan kan ik mensen terugbetalen en dan heb ik rust in mijn hoofd.'

Met haar vragen komt Marjolein erachter welk belang bij Saleh de prioriteit geniet: vinden van werk. Nu kan Marjolein de tweede stap nemen: haar verwachtingen aan Saleh uitleggen. Daarbij moet ze telkens aangeven waarin ze Saleh verder kan helpen en waar haar grenzen liggen.

Marjolein: 'Toen je voor het eerst bij me kwam, ging ik ervan uit dat je met het vinden van werk, waardoor je je schulden zou kunnen afbetalen, en een woonruimte geholpen zijn. Nu zeg je dat werk zoeken de hoogste prioriteit heeft. Dat is prima, maar ik hoorde je ook zeggen dat je nog steeds last hebt van nachtmerries over je tijd als kindsoldaat. Wanneer heb je voor het laatst hulp gezocht om daarmee om te gaan?'

Saleh: 'Ja, helemaal aan het begin toen ik in Nederland aankwam. Als asielzoeker had daar ik last van. Ik heb een paar keer een gesprek gehad met de arts op het opvangcentrum. Hij kon niets voor mij doen, maar gaf wel tabletten tegen hoofdpijn.'

Marjolein: 'Ik kan ook niets doen aan je nachtmerries. Wat ik wel kan doen is jou doorverwijzen naar professionele hulp, zoals een psychiater. Wat vind je ervan?'

Saleh: 'Ja, mooi, want ik weet niet goed hoe het allemaal hier werkt.'

Marjolein: 'Prima, dan gaan we er samen aan werken van je schulden en je nachtmerries af te komen. Dan heb ik wel jouw hulp nodig, want ik kan dat niet alleen. Wil je me daarbij helpen?'

Saleh: 'Ja, wat moet ik doen?'

In de tweede stap van het brugmodel heeft Marjolein een extra hulpvraag, hulp bij nachtmerries, ontdekt. Daarnaast heeft ze aan het einde hem gevraagd om haar te helpen zijn problemen op te lossen. De laatste stap van het brugmodel is dat Marjolein concrete besluiten neemt over wat ze gaat doen en daarbij aangeeft wat ze van hem verwacht. Ook hier moet ze bescheiden zijn en zo dicht mogelijk bij haar belevingswereld blijven.

Marjolein: 'Ik wil graag dat je deze week bij vijf uitzendbureaus waar ik je heb ingeschreven elke dag langsgaat om te informeren naar werk. Hier zijn de namen en adressen. We maken over precies een week een afspraak. Dan wil ik weten wat jouw informatieronde bij uitzendbureaus heeft opgeleverd. Ik ga ondertussen kijken bij welke professional je terechtkunt om jouw ervaringen als kindsoldaat te delen. Wat vind je van deze afspraken?'

Saleh: 'Ja, ik ga vandaag langs de uitzendbureaus.'

Marjolein: 'Afgesproken. Tot volgende week, dezelfde tijd.'

Nu Marjolein meer zicht heeft op de waarden en belangen van Saleh en hij weet wat Marjolein belangrijk vindt en van hem verwacht, is de kans dat ze elkaar goed begrijpen en dat de afspraken nu wel nagekomen worden maximaal.

CASUS 4: MOUSA VERTROUWT NIEMAND
Hulpverlener John, die in de penitentiaire inrichting werkt, vertelt het volgende verhaal waarbij *vertrouwen* een cruciale rol speelt tussen cliënt en hulpverlener.

> Bij mij in het paviljoen zit een Marokkaanse gedetineerde vast. Hij heet Mousa en verblijft illegaal in Nederland. Door omgang met verkeerde vrienden en beslissingen is hij in de detentie beland. Hij is zeer op zichzelf, erg teruggetrokken en vertrouwt niemand. Dit is het beeld dat ik van hem krijg als zijn mentor. De eerste gesprekken verliepen zeer moeizaam. Ik voelde dat hij me niet vertrouwde. Na een aantal gesprekken was het ijs gebroken en vertelde hij waarom hij niemand vertrouwde. In zijn ogen heeft hij gefaald. Hij had het graag in Nederland willen maken en zijn ouders die in Marokko wonen elke maand geld willen sturen. Doordat hij snel rijk wilde worden belandde hij in het criminele circuit. Nu zit hij vast. Hij durft zijn familie niet meer onder de ogen te komen. Hij is bang dat ze er achter komen dat hij gevangen zit. Daar schaamt hij zich rot voor. Om deze reden loog hij de vreemdelingenpolitie voor over zijn echte identiteit. Hij beweerde dat hij een Palestijn was. Achteraf zei hij dat hij deze verklaring onder druk had afgelegd. Naar mijn idee hebben deze misverstanden te maken met zijn gebrekkige kennis van het Nederlands. Soms vraag ik me af of doorvragen wel zin heeft. Vaak zegt hij dat hij me begrijpt, zegt dat alles goed komt, ook al begrijpt hij de vraag niet. Als ik merk dat hij mijn vraag helemaal niet snapt begint hij te glimlachen en loopt vervolgens weg.

De waarheid geweld aandoen, feiten ontkennen, de boel verdraaien of mooier maken door cliënten is iets waar veel hulpverleners geen raad mee weten. Hier zien we dat mensbeelden met elkaar in botsing kunnen komen. Mensen die het mens-als-dier-mensbeeld hanteren letten niet zozeer op *wat* er gezegd wordt, maar *hoe* iets gezegd wordt. Zij letten op de non-verbale communicatie. Dat kan botsen met iemand die uitgaat van het mens-als-machine-mensbeeld, want die let wel op wat er gezegd wordt. Dat kan onnodige irritaties veroorzaken.

Zo vertelde begin 2007 een raadswerker die bij de Raad voor de Kinderbescherming werkte me dat ze niet wist hoe ze moest omgaan met een Marokkaans meisje dat verzuimde naar school te gaan. De leerplichtambtenaar had aan de raadswerker schriftelijk doorgegeven dat het meisje aan hem had verteld dat ze problemen had met haar vader. Toen ze bij de raadswerkster op gesprek kwam ontkende ze dat. De raadswerkster confronteerde haar vervolgens met wat de leerplichtambtenaar had doorgegeven. De cliënt bleef dat ontkennen en zei dat ze wel goed met haar vader kon omgaan. In dit geval is confrontatie niet de manier om het meisje te laten inzien dat een niet-eenduidig verhaal haar niet verder helpt. Het wordt al gauw een welles-nietesdiscussie die de relatie tussen de professional en de cliënt schaadt.

Laten we aan de hand van de bovenstaande casus bekijken hoe het wel kan. We beginnen daar waar John van Mousa hoort dat hij de verklaring dat hij Palestijn was onder druk had afgelegd. John begint met de eerste stap van het brugmodel: hij is nieuwsgierig hoe het zit en stelt zich onbevangen, zonder een waardeoordeel uit te spreken, op.

John: 'Als ik je goed begrijp ben je gedwongen geweest om te liegen over je achtergrond. Je bent geen Palestijn. Kun je me dan precies vertellen wat de vreemdelingenpolitie tegen je zei?'

Mousa: 'De politie wilde me het land uitzetten.'

John heeft met zijn eerste opmerking dat hij gedwongen is geweest om te liegen over zijn achtergrond, bevestigd wat Mousa beweerde. Door te vragen hoe hij onder druk werd gezet, neemt hij Mousa serieus. Het is in deze fase dus niet van belang of iemand de waarheid vertelt of niet. Waar het om gaat is dat de professional probeert te achterhalen waarom iemand bepaald gedrag vertoont. In de bovenstaande casus speelt zeker mee dat Mousa zich enorm schaamt voor zijn familie en dat hij niet meteen het achterste van zijn tong wil laten zien. Daar heeft hij verschillende redenen voor. Zo wil hij niet dat zijn familie erachter komt dat hij gevangen zit. Doordat Moussa vertelt wat hij hoorde van de politie, laat hij zien waar hij bang voor is. John kan hierover doorvragen.

John: 'Je was bang om teruggestuurd te worden naar Marokko, klopt dat?'

Mousa: ... (zegt niets, glimlacht.)

John: 'Mag ik jouw glimlach zien als een 'ja' en niet als uiting dat je blij bent? Wil je mijn twijfels wegnemen?'

Mousa: 'Ik ben niet blij, want ik zit vast. Ik kan niet werken en geen geld sturen naar mijn familie.'

John heeft nu een heleboel informatie gekregen in een korte tijd. Hij zal nu de tweede stap maken door te vertellen hoe hij het ziet. Dat doet hij door zich te verplaatsen in Mousa. John wil met een oprechte en respectvolle houding Mousa beter begrijpen:

John: 'Ik probeer me voor te stellen wat ik zou doen in jouw situatie. Ik vind dat heel moeilijk. Ik weet niet wat ik zou doen. Maar als ik zo met je praat dan merk ik dat ik het zeer waardeer dat mensen zoals jij gewoon hun verhaal aan mij kunnen toevertrouwen. Daar zou ik ook behoefte aan hebben, want ik zou niet kunnen leven met iets waar ik niet achter sta. Ik vind het een compliment dat je me vertrouwt.'

Mousa: (glimlacht) 'Ja, alles komt goed.'

Na bevestiging van Mousa's reden om niet zijn echte identiteit te vertellen, probeert John zich voor te stellen wat hij zou doen in Mousa's plaats. Dat lukt hem niet goed. Wat wel lukt is benoemen wat hij waardeert. Zo licht John indirect toe wat hij belangrijk vindt, de ander kunnen vertrouwen om zijn verhaal te vertellen. De laatste stap zou zijn dat John een positie bepaalt. Als we ervan uitgaan dat hij met opgebouwde vertrouwensband Mousa wil helpen, zal hij besluiten met een tip.

John: 'Ik weet dat je vaak glimlacht, niet altijd uit blijdschap en dat je vaak zegt 'alles komt goed' en dat je wegloopt. Dat snap ik niet altijd. Ik denk dat het ligt aan je beheersing van het Nederlands. Ik denk dat het verstandig is als je je tijd goed besteedt aan het leren van het Nederlands. Dan maak je meer kans op werk als je weer vrij bent. Misschien krijg je dan ook behoefte om je echte verhaal in de Nederlandse taal op schrift stellen? Zo leer je het Nederlands en kun je altijd zelf bepalen wanneer je je verhaal aan papier wilt toevertrouwen. Maar de keuze is aan jou.'

Met deze laatste opmerking geeft hij Mousa stof tot nadenken. Het is nu aan hem wat hij met deze tip doet. Op deze wijze blijft John authentiek en toont hij bescheidenheid om Mousa te (willen) veranderen door de keuze bij hem te laten.

Irritaties vanwege vanzelfsprekendheden

Mensen die op hetzelfde geslacht vallen hebben het ook in Nederland niet altijd gemakkelijk. Neem het gesprek dat twee hulpverleners hebben gehad met een Nederlandse traditionele moslima en een strenggelovige christen. De eerste casus over Melike is opgetekend door een maatschappelijk werkster van Turkse komaf. De tweede casus wordt verteld door een medewerker bij de COC.

CASUS 5: MELIKE, EEN LESBISCHE MOSLIMA, KAN GEEN 'NEE' ZEGGEN
Melike, een Turkse vrouw van 30 jaar, is twee jaar geleden gescheiden van haar man Ali. Ze hebben samen een kind, genaamd Mehmet, van vijf jaar. Ze werkt als receptoniste in een ziekenhuis. Tijdens het intakegesprek bij bedrijfsmaatschappelijk werkster Loes, vertelt ze haar levensverhaal.

> 'Ik heb een ongelukkige jeugd gehad. Ik was het enige meisje in het gezin. In tegenstelling tot mijn vier broers stimuleerden mijn ouders me nooit met mijn hobby's en school. Mijn ouders wilden ook niet dat mijn vriendinnen bij ons op bezoek kwamen. Net voordat ik naar de mavo overstapte ontdekte ik dat ik steeds meer voelde voor meisjes dan voor jongens. Ik volgde de opleiding tot directiesecretaresse. Het gevoel voor vrouwen werd sterker. Mijn ouders onderdrukten mijn gevoelens voor vrouwen vanwege mijn islamitische opvoeding. Ze dachten dat ik zou genezen als ze een man voor mij hadden uitgekozen. Tijdens mijn opleiding leerde ik Maria kennen. Ik kreeg met haar een relatie die ik verborgen hield voor mijn ouders. Na twee jaar ging onze relatie uit. Mijn wereld stortte in en ik belandde een paar maanden in een psychiatrisch ziekenhuis. Na de behandeling ging ik weer terug naar mijn ouders. Ik kreeg nog wel een half jaar begeleiding vanuit GGZ. De behandeling heeft van mij een ander mens gemaakt. Ik liet alles gebeuren en kon geen grenzen meer stellen. Op alles wat mijn ouders van me vroegen, zei ik ja.

> Ik werd uitgehuwelijkt aan Ali. In het begin was ik erg onder de indruk van hem. Hij was zeer attent en we gingen vaak op stap. Toen ik bij hem introk had hij geen baan en alleen een verblijfsvergunning. Vanwege zijn slechte beheersing van het Nederlands kon hij overal maar heel even kort aan de slag. Toen hij geen werk meer had, zat hij hele dagen voor de televisie te hangen. Hij deed niets in het huishouden en begon steeds meer van me te eisen, terwijl ik met mijn parttime baan in de administratie de enige was die geld binnenbracht. Ik bad elke dag tot Allah dat het beter zou worden, maar het werd steeds erger. Ali werd brutaler en verbood me om mijn ouders te bezoeken en pakte steeds vaker de fles. Ik werd zwanger van hem. Even dacht ik dat alles goed zou komen. Ik bad elke dag tot Allah, maar toen Mehmet geboren werd, stapelden de problemen zich snel op. Hij kon er niet tegen dat onze zoon 's -nachts huilde. Hij ging vaker weg van huis en kwam stomdronken terug. Ik meldde me langdurig ziek van mijn werk en onze schulden werden hoger. Toen hij me ook regelmatig ging slaan merkte ik dat ik op een gegeven niets meer aankon. Ik pakte, toen hij uit huis was, snel mijn koffers en liep met Mehmet in de kinderwagen naar een blijf-van-mijn-lijfhuis. Daar kon ik op adem komen. Het enige wat ik wilde was zo snel mogelijk van Ali scheiden. Ali belandde uiteindelijk in de zware criminaliteit en werd – nadat hij opgepakt was – teruggestuurd naar zijn land. Ik wil nooit meer met een man het bed delen en mijn ouders zie ik niet meer. Toch voel ik geen rust in mijn hoofd. De enige die mij nog op de been houdt is Mehmet. Voor hem wil ik nog wel vechten, maar het wordt steeds moeilijker voor mij. Ik weet niet meer wat ik moet doen om weer rust te krijgen (terwijl ze dit zegt heft ze haar handen in de lucht). Daarom ben ik hier.'

Met deze laatste zin viel er een stilte. Loes, de bedrijfsmaatschappelijk werkster, was zeer onder de indruk van haar verhaal. Toen ze Melike wilde complimenteren met *'ik vind het erg moedig van je om van je ex-man, ouders en je geloof, die je lesbische gevoelens niet accepteren, afstand te nemen en je eigen weg te volgen'* stond Melike boos op en liep de deur uit. Loes bleef perplex achter en wist niet wat ze verkeerd had gezegd.

Laten we kijken waar het mis is gegaan. In de zin *'ik vind het erg moedig van je om van je ex-man, ouders en je geloof, die je lesbische gevoelens niet accepteren, afstand te nemen en je eigen weg te volgen'* gooit Loes alles op één hoop. Loes gaat uit van haar eigen perceptie en vindt het geweldig dat Melike haar lot in eigen handen neemt. Ze handelt heel sterk vanuit het mensbeeld mens-als-machine: ieder kan door een knop om te draaien, zoals het geloof de rug toekeren, zijn leven voorgoed beïnvloeden. Maar Melike, die vanuit een heel ander mensbeeld handelt, mens-als-dier, heeft nooit afstand willen nemen van haar geloof. Integendeel, ze put daar hoop en kracht uit op momenten dat het tegenzit. Zij is als lesbische vrouw met een verkeerde man getrouwd en haar ouders hebben haar onder het mom van geloof wijsgemaakt dat homoseksualiteit niet mag van Allah. Ze is boos dat Loes hier niets van snapt. Melike verwijt haar gebrek aan kennis en mist respect voor haar culturele achtergrond. Hieronder is uitgewerkt hoe Loes de stilte die volgde na Melikes verhaal, anders had kunnen opvullen.

In de eerste stap van het brugmodel schort Loes haar oordeel op (*onbevangenheid* vereist) en begint eerst alles op een rij te zetten met informerende vragen (*nieuwsgierigheid* vereist).

Loes: 'Ik ben blij dat je hier bent en dat je je verhaal aan mij kwijt kon. Ik wil je graag helpen. Maar dan moet ik eerst weten wat je op dit moment het meest dwarszit. Je vertelt heel veel dingen, maar ik denk niet dat we ze allemaal tegelijk kunnen aanpakken. Vandaar mijn vraag: 'wat zit je nu het meeste dwars?'

Melike: 'Ik voel me zo alleen (barst in snikken uit). Ik heb niemand meer die me kan helpen.'

Loes probeert eerst door een informatieve vraag vanuit haar waarde 'interesse' te weten te komen waar Melike behoefte aan heeft. Het belang dat Melike verder geholpen wordt, delen ze samen. Het antwoord van Melike is duidelijk. Ze voelt zich eenzaam in het oplossen en verwerken van haar problemen. Hier kan Loes op doorvragen, haar duidelijk maken vanuit welke waarde ze start en kijken wie in haar directe omgeving haar kan ondersteunen.

Loes: 'Daar gaan we mee aan de slag; zorgen dat je niet meer alleen voelt. Ik heb met zeer grote interesse geluisterd naar je verhaal. Ik denk niet dat je helemaal alleen bent, want je hebt altijd nog je kind dat je energie geeft om te vechten, klopt dat?'

Melike: 'Ja, hij is zo lief.'

Loes: 'Dat is fijn om te horen, want Mehmet zal een cruciale rol spelen om jouw eenzaamheid te beteugelen.'

Melike: 'Hoe dan?'

Met deze vraag van Melike wordt Loes gedwongen om de tweede stap van het brugmodel te nemen. Zij zal aan Melike moeten uitleggen hoe zij haar denkt verder te helpen.

Loes: 'Je vertelde dat je ouders je onderdrukt hebben in jouw lesbische gevoelens. Ik begrijp dat het je pijn heeft gedaan en ik probeer me voor te stellen hoe dat is gegaan. Dat lukt maar ten dele. Toch kan ik me heel goed voorstellen dat ze apetrots zijn op hun kleinzoon Mehmet. Is het een idee om het contact weer te herstellen?'

Melike: 'Ja, maar zij hebben de problemen veroorzaakt door me uit te huwelijken en mijn gevoelens te negeren. Zolang ze geen excuses maken wil ik ze niet zien.'

Hier ontstaat een patstelling omdat Melike van haar ouders eerst excuses eist. De vraag is of de ouders daartoe in staat zijn en dat willen. Nu komt het erop aan dat Loes wederom probeert zich in te leven in Melike (*respect* tonen vereist) en tegelijkertijd haar vertelt wat wel mogelijk is (*oprechtheid* vereist).

Loes: 'Ik begrijp je woede en teleurstelling. Toch denk ik dat ze bij het zien van hun kleinzoon Mehmet net als alle opa's en oma's in de wereld zullen stralen van geluk. Ze zullen misschien niet meteen hun excuses maken en direct je seksuele geaardheid accepteren, want dat vergt veel tijd. Als je wilt kan ik ze bellen of bij ze langsgaan om ze voor te bereiden op jouw bezoek. Ik denk dat het de eerste stap is om je probleem van eenzaamheid te verwerken. Wat denk je ervan?'

Met de laatste stap in het gesprek probeert Loes op een authentieke manier aan Melike duidelijk te maken welke cruciale rol Mehmet kan spelen in het herstel van contact. Met de laatste vraag 'wat denk je ervan?' laat ze uiteindelijk de beslissing over aan Melike. Daarmee toont ze ook haar bescheidenheid.

CASUS 6: KAREL, EEN GEREFORMEERDE HOMO, KOMT NIET UIT DE KAST

De volgende casus wordt beschreven door Arnold, een medewerker bij het COC.

'De eerste keer dat ik met Karel sprak was via de telefoon. Hij belde het COC op om meer te weten te komen wat de organisatie doet voor mannen zoals hij die vermoeden dat ze homo zijn. Omdat ik niet alles door de telefoon kon bespreken maakte ik met hem een week later een afspraak. Toen hij binnenkwam stelde ik hem eerst op zijn gemak door hem kopje koffie in te schenken en te vertellen wie ik ben. Daarna legde ik uit wat het COC zoal doet. Toen ik klaar was met mijn uitleg vroeg ik hem iets over zijn achtergrond te vertellen. Karel was 32 jaar en woont in een heel klein dorp dat zwaar gereformeerd protestant is. Sinds vier jaar woont hij zelfstandig. Karel komt uit een gezin van drie broers en twee zussen. Naast zijn baan bij een bedrijf is hij actief lid van de kerkgemeenschap en zit daar in het zangkoor. Hij zei dat hij van volleyballen, computeren en lezen hield. Toen ik vroeg of hij ook wel eens uitging zei hij resoluut 'nee!'.

Ik vervolgde met 'Ik heb via het telefonisch contact met jou vorige week begrepen dat je vermoedt dat je homo bent, maar dat je dit niet wilt of moeilijk kunt accepteren. Kun je me vertellen hoe je erachter kwam dat je homoseksueel bent?'

Karel: 'Ja, ik heb al jaren het gevoel dat ik niet op vrouwen val. Ik voel me aangetrokken tot mannen. Rond mijn 14 jaar kwam ik erachter dat ik jongens interessanter vond dan meisjes. Ik heb toen een jongen leren kennen in wiens buurt ik de hele dag wel wilde zijn, maar dat kon natuurlijk niet.'

Arnold: 'Waarom kon dat niet?' (laat verbaasde blik zien).

Karel: 'Homoseksualiteit is een ziekte volgens mijn geloof en een straf van God. Het bestaat wel, maar je mag absoluut niet praktiserend zijn.'

Arnold: 'Vind jij dat zelf ook?'

Karel: 'Ja, ik vind dat ook, maar ik merk dat ik mijn gevoelens niet langer kan onderdrukken. Ik wil deze gevoelens niet omdat ik het vies en onnatuurlijk vind. Daarom heb ik ook een vriendin gehad om te laten zien aan mijn familie en kerkgenootschap dat ik normaal ben.'

Arnold: 'Waarom vind je het vies en onnatuurlijk?'

HOOFDSTUK 3: DIVERSITEITSDENKEN IN DE PRAKTIJK

> Karel: 'Omdat het in de Bijbel staat en daar geloof ik in.'
>
> Op het moment dat hij dit antwoord geeft, merk ik irritatie bij mij opkomen. Ik vraag hem waar het precies staat in de Bijbel. Als Karel een stuk uit de Bijbel leest, schiet ik bijna uit mijn slof. Ik word boos en zeg:
>
> 'Maar dat Bijbelcitaat kun je toch ook anders interpreteren?'

Als we de bovenstaande dialoog, zoals die werkelijk in de praktijk plaatsvond, een moment bevriezen, dan kunnen we concluderen dat Arnold in het begin met veel open vragen Karel uitnodigt om meer over zichzelf te vertellen en het probleem beschrijft waarmee hij worstelt. Als hij vraagt naar zijn positieve ervaringen, geeft Karel treffende beschrijvingen van fragmenten uit zijn leven. Maar als hij direct vraagt naar zijn afwijzing van homoseksualiteit schermt hij met de Bijbel. Dat komt omdat Arnold veel te snel de confrontatie opzoekt en de verschillen benadrukt. Dat helpt hem niet verder en roept automatisch irritatie op. Karel zal in dit geval altijd met de Bijbel in zijn hand erop blijven hameren dat homseksualiteit een ziekte is.

Arnold en Karel verschillen qua mensbeeld. Arnold voelt de vrijheid om zich homoseksueel te voelen en Karel niet. Karel wil niet toegeven aan zijn homoseksualiteit omdat hij denkt God dat als een ziekte beschouwt. Zo is Karel eenmaal opgevoed. Daar Kan Arnold in een eerste gesprek niets aan veranderen, ook al laat hij zijn boosheid zien. Hij kan Karel wel bewust maken van zijn gedrag en moraal en pas daarna de verschillen benoemen. Maar de eerste actie die Arnold zou moeten nemen is in de eerste stap van het brugmodel nog meer open vragen stellen. Hij moet nog nieuwsgieriger en onbevangener overkomen bij Arnold. Hoe het anders kan, zien we in de volgende dialoog. We pakken de draad op het moment dat Karel vertelt over zijn vriendin.

Arnold: 'Kun je me meer vertellen over de relatie met je vriendin? Hoe was dat?'

Karel: 'Tja, ze was heel lief. Ze was gek op me en vertrouwde me blindelings. Ze wilde graag met me verder, maar ik kon die stap niet zetten. Ik had haar alleen voor de buitenwacht. Zij begreep niet waarom ik niet intiem met haar kon zijn. Ze oefende geen lichamelijke aantrekkingskracht op mij uit.'

Arnold weet nu hoe Karel over zijn vriendin dacht. Hij kan nu de tweede stap van het brugmodel zetten door hem zijn verwachtingen en normen uit te laten spreken. Dat doet hij op een oprechte en respectvolle manier. Hij laat deze houdingsaspecten zien doordat hij op een subtiele manier aan Arnold meedeelt hoe hij over Karels relatie met een vrouw puur voor de buitenwacht denkt en hem tegelijkertijd in zijn waarde laat.

Arnold: 'Laten we het eens omdraaien. Hoe zou je je voelen als je werd gebruikt om de seksuele geaardheid van de ander te verbergen?'

Karel: 'Dat zou ik heel erg vinden. Mijn vertrouwen zou beschaamd zijn.'

Arnold: 'Denk je dat het misleiden van mensen die vertrouwen aan je geven van de Bijbel mag?'

Karel: 'Nee, dat mag niet, want dan ben je niet eerlijk tegen God.'

Arnold: 'Ik ben nieuwsgierig wat je zou doen.'

Karel: 'Ik zou alles eerlijk opbiechten.'

Door in te gaan op zijn relatie met zijn vriendin en meteen een spiegel voor te houden benadrukt Arnold zijn waarde 'vertrouwen' en 'eerlijkheid'. Daarbij refereert hij aan de Bijbel waar Karel zoveel waarde aan hecht. Als het goed is, gaat er bij hem een lampje branden. Hij kan niet zo doorgaan met mensen om de tuin te leiden. Nu kan Arnold, nog steeds in de tweede stap van het brugmodel, aansluiten op zijn antwoord:

Arnold: 'Wat zou er gebeuren als je zou opbiechten dat je op mannen valt?'

Karel: 'Dan zou ik verstoten worden door mijn familie.'

Arnold: 'Hoe erg vind je dat?'

Als Karel uiteindelijk kiest voor zijn geluk zal hij zeggen dat hij de verstoting op de koop toe neemt. Dan is het gesprek positief geëindigd en kan Arnold bekijken hoe COC hem verder ondersteuning kan bieden. De kogel is hiermee door de kerk en het besluit, de derde stap van het brugmodel, is gevallen. Als echter Karel de verstoting het allerergste vindt wat hem kan overkomen zal hij als volgt kunnen reageren.

Karel: 'Ik pleeg liever zelfmoord dan dat ik verstoten word.'

Arnold: 'Je weet dat het een doodzonde is volgens de Bijbel.'

Karel: 'Alles beter dan een praktiserende homo.'

Met zijn schokkende opmerking over zelfmoord plegen, laat Karel blijken dat zijn identiteit gelijk staat aan zijn familie. Zijn waarde 'eerlijkheid' is ondergeschikt aan gehoorzaamheid aan de wetten van een groep. Als hij verstoten wordt is hij de zin in het leven kwijt. Arnold mag dit raar vinden, maar kiezen voor vrijheid is niet voor iedereen vanzelfsprekend. Mensen zoals Karel treffen we in alle culturele settings aan waar lidmaatschap van een bepaalde groep het allerbelangrijkste is. Ze zijn zelfs bereid om te sterven als ze niet meer geaccepteerd worden door hun eigen stam. Dit stamdenken kan niet van de ene op de andere dag plaatsmaken voor vrij denken. Het enige wat Arnold nog kan zeggen is dat hij hier anders over denkt. Tot slot zegt hij in de derde stap van het brugmodel wat hij voor hem kan betekenen en maakt duidelijk welke grenzen hij ziet.

Arnold: 'Ik begrijp dat je liever je persoonlijke gevoelens van minder belang vindt dan dat wat je familie en mensen in je omgeving van je vinden. Daar denk ik heel anders over. Ik zou altijd kiezen voor mijn persoonlijk geluk in plaats van mijn familie tevreden stellen. Rest mij de vraag wat ik voor je kan doen.'

Karel : 'Ik wil dat jullie mijn ziekte genezen.'

Arnold: 'Het spijt me te moeten zeggen dat we dat niet kunnen.'

Blijft Karel koppig geloven dat zijn homoseksualiteit te genezen is, dan is het verstandig om hem in zijn eigen taal duidelijk te maken wat niet kan:

Arnold: 'Wij kunnen niet veranderen hoe mensen door God zijn geschapen. Wat we wel kunnen doen is vertellen hoe je ermee om kunt gaan. Als je wilt, dan kan ik je een aantal adviezen geven. Ook kan ik mijn best doen om je in contact te brengen met een andere homo die net zo gelovig is als jij. Dan kun je met hem verder praten en ideeën uitwisselen. Wat vind je van dit idee?'

Met zijn laatste opmerking heeft Arnold zonder zijn authenticiteit te verliezen besloten dat hij de deur voor Karel nog op een kier zet. Hiermee laat hij Karel weten dat hij bescheiden is in wat hij voor hem kan betekenen. Als Karel wil, kan hij de deur zelf iets verder openmaken door op het aanbod van Arnold positief te reageren. Het woord is nu aan Karel.

Irritaties vanwege verschillend taalgebruik

Verschillen tussen mensen die in verschillende milieus zijn opgegroeid kunnen ook leiden tot irritaties en miscommunicatie. Ze worden nog eens geaccentueerd als het onderwijsniveau tussen de gesprekspartners ook verschilt. Dat is het geval in het volgende voorbeeld. De volgende casus speelt zich op een afdeling voor de verslavingsbegeleiding binnen een penitentiaire inrichting in Brabant.

CASUS 7: RON BEGRIJPT DE HULPVERLENER NIET
Ron is een cliënt van 27 jaar en is sinds kort opgenomen. Bij hem is geconstateerd dat hij lijdt aan affectieve verwaarlozing. Ter compensatie heeft hij geleerd om de ander fysiek te bedreigen om zo zijn zin te krijgen. De groepsbegeleider Willem die hem moet begeleiden, vertelt het volgende incident met Ron.

> Op een ochtend begeleid ik samen met een collega een groepsgesprek. Tijdens dit gesprek kunnen alle groepsleden over actuele zaken praten die te maken hebben met samenleven in een groep. Ook komen individuele leerdoelen van de cliënten aan de orde. Naar aanleiding van een fysieke uitbarsting van Ron tegen een andere cliënt wordt het gedrag van Ron in de groep besproken. Ron had zijn zin doorgedrukt door te dreigen met zijn stevige torso en te zeggen dat hij kampioen in karate is geweest. Ik confronteer Ron in de groep met zijn gewelddadig gedrag. Ik zeg dat geschillen altijd op een verbale manier opgelost moeten worden en niet door te dreigen.

HOOFDSTUK 3: DIVERSITEITSDENKEN IN DE PRAKTIJK

> Ron reageert heftig: 'Jij zit alleen maar intellectueel te praten. Jouw manier van praten is niets voor de gewone jongens zoals ik!'
>
> Ik voel irritatie door zijn reactie op mijn goedbedoelde opmerking. De gedachte die mij naar boven komt is dat Ron het erg vervelend vindt dat ik in de groep opmerk dat conflicten met praten moeten worden opgelost. Ik heb het gevoel dat hij zo'n opmerking plaatst om afstand te creëren tussen ons zodat hij niet verder hoeft te luisteren naar mij. Ik reageer gepikeerd en zeg: 'Jij moet dit soort opmerkingen niet maken, want ik doe mijn best om je iets duidelijk te maken. Het lijkt erop dat je niet graag dingen hoort die jou niet uitkomen.' Ron kijkt daarop nors, gaat achteruit zitten en zegt niets meer. De rest van het groepsgesprek is hij zeer kortaf in zijn antwoorden als hem iets persoonlijks wordt gevraagd. Na het groepsgesprek neem ik Ron apart. Ik wil hem uitleggen wat ik met mijn opmerking bedoelde. Ron reageert opnieuw geïrriteerd en zegt dat hij niets snapt van wat ik zeg en dat hij het moeilijk vindt om op mijn manier met mensen om te gaan. Ik ben sprakeloos en denk na over hoe het nu verder moet.

Deze casus is een mooi voorbeeld van hoe de manier van omgang tussen mensen uit dezelfde dominante cultuur hemelsbreed kan verschillen. De hulpverlener wil Ron graag helpen om beter om te gaan met zijn manier van discussie aangaan met de ander maar het lijkt erop dat het verschil in omgang onoverbrugbaar is. Ik zal dit gesprek eerst analyseren en vervolgens bespreken welke mogelijke interventies gedaan kunnen worden om te voorkomen dat het opnieuw tot uitbarsting komt tussen de hulpverlener en een toekomstige cliënt die hetzelfde gedrag vertoont als Ron. We pakken de draad op bij de reactie van Ron op de opmerking van Willem tijdens het groepsgesprek dat hij geschillen op een verbale manier moet oplossen en niet met dreigen.

Ron: 'Je zit alleen maar intellectueel te praten. Jouw manier van praten is niets voor de gewone jongens zoals ik!'

Door deze reactie raakt Willem in de casus geïrriteerd en bijt hij van zich af door meteen te zeggen: 'Jij moet dit soort opmerkingen niet maken, want ik doe mijn best om je iets duidelijk te maken. Het lijkt erop dat je niet graag dingen hoort die jou niet uitkomen.' Door deze uithaal stokt het gesprek onmiddellijk. Ron houdt zich gedeisd en zegt niet veel meer. Doordat Willem zich niet beheerst, bereikt hij precies het tegenovergestelde van wat hij beoogt: proberen duidelijk te maken dat je problemen uitpraat. Door zijn overassertieve houding kapt hij zelf het gesprek af.

De kunst is om te kijken hoe je met een nieuwsgierige en onbevangen houding wel een dialoog op gang kunt brengen. Willem zou met meer informerende vragen – de eerste stap van het brugmodel – Ron moeten uitnodigen om zijn opmerking toe te lichten:

Willem: 'Zou je willen uitleggen wat je ermee bedoelt dat mijn manier van praten niets is voor gewone jongens zoals jij?'

Ron: 'Jouw manier van praten past gewoon niet bij mij. Dat komt bij mij veel te soft over.'

Doordat Willem doorvraagt is de kans op voortzetting van de dialoog veel groter. De volgende stap – de tweede stap van het brugmodel – is dat Willem achterhaalt waar precies de verschillen tussen hen zitten:

Willem: 'Heb je het weleens geprobeerd om op mijn manier problemen op te lossen?'

Ron: 'Nee, maar ik kan je vertellen dat het niet werkt.'

Willem: 'Hoe weet je dat zo goed als je het nooit hebt geprobeerd?'

Ron: 'Bij mij thuis werd nooit gepraat. Als ik iets verkeerds deed, dan kreeg ik een mep.'

Door deze aanpak krijgt Willem een glimp te zien in de oorzaak van Rons gedrag en zorgt hij ervoor dat Ron blijft praten. Ron is gewend om problemen uit te vechten en Willem heeft geleerd om problemen bespreekbaar te maken. Nu kan Willem bekijken op welke wijze hij een verbinding kan maken tussen hun verschil van problemen aanpakken – de derde stap van het brugmodel.

Willem: 'Zoals je nu met me praat is precies wat ik bedoel met mijn opmerking. Je hoeft niet te dreigen om altijd je zin te krijgen. Dat zorgt alleen maar voor stress en leidt tot ongelukken. Je hoeft niet mijn manier van praten over te nemen om dat te kunnen. Je doet het prima zo op jouw manier, begrijp je?'

Na dit compliment zal Ron geen reden hebben om te zeggen dat de manier waarop Willem praat niets is voor hem. Hij kan op zijn manier blijven praten zolang hij niet met geweld dreigt. Als dat hem lukt, kan Willem in een later stadium eraan werken om hem geweldloos te laten communiceren en op een sympathiekere manier zijn mening te laten horen. Dat betekent dat hij niet meteen iemand grof bejegent of uitscheldt.

CASUS 8: NOUREDIN KOMT AGRESSIEF OVER DOOR TE HARD PRATEN
Deze casus, waarin zowel leeftijdsverschil als culturele achtergrond tussen hulpverlener en cliënt een rol spelen, wordt verteld door Ebru. Wat hulpverlener en cliënt bindt, is dat ze beiden in Nederland zijn geboren. Ebru, van Turkse afkomst, vertelt haar ervaring met een Nederlands-Marokkaanse jongen die 10 jaar jonger is dan zij.

> Ik ben mentor van Nouredin, een Marokkaanse jongere van 16 jaar. Door zijn voogd is hij geplaatst binnen de justitiële jeugdinrichting. Op de behandelgroepen worden zowel jongeren met een OTS-maatregel (onder toezicht stelling) als met een PIJ (Plaatsing in een inrichting voor jeugdigen) maatregel geplaatst. Na een paar keer zich schuldig te hebben gemaakt aan criminele activiteiten, is hij geplaatst onder OTS-maatregel. Er was een contra-indicatie dat er sprake zou kunnen zijn van een gedragsstoornis. Hij zou lijden aan agressie, een slecht ontwikkeld geweten hebben en zijn problematiek externaliseren. Binnen de inrichting werken we met het competentiemodel. Het doel daarvan is dat onze cliënten nieuwe vaardigheden aanleren. Voor ieder individu schrijven we na drie maanden een behandelplan. Als mentor heb ik een behandelplan geschreven voor Nouredin. Door tijdgebrek kon ik het niet met hem doornemen. Ik vraag aan Nouredin of hij het zelf wil lezen en wil voorzien van commentaar. Ik beloof wel dat we een andere keer nog samen gaan bespreken. Nouredin knikt en neemt het plan mee naar zijn kamer.

> De volgende keer dat ik hem weer tegenkom, geeft Nouredin zijn behandelplan aan mij terug. Op mijn vraag of hij nog opmerkingen heeft op het behandelplan zegt hij op een norse toon dat hij er helemaal niets aan toe te voegen heeft. De rest van de dag blijft hij afstandelijk in zijn gedrag. Tijdens de avondrecreatie vraag ik hem of zijn ouders komen om het behandelpan te bespreken. Nouredin antwoordt dat zijn ouders niets te maken willen hebben met mij of enig andere hulpverleningsinstantie. Aan zijn hele houding, de felle toon die hij tegen mij gebruikt en een valse manier van kijken, kan ik zien dat hij boos en geïrriteerd is. Hij zegt dat hij geen problemen heeft en dat hij hier onterecht is geplaatst. Ik vraag hem om rustig te blijven te vertellen waarom hij zo boos is. Daarop zegt hij dat dat niet hoeft en loopt naar zijn kamer.

Achteraf zegt de hulpverlener dat zij ontzettend schrok van Nouredins reactie. Dat had ze niet verwacht. Ze zegt hierover: *'Ik had misschien te hoge verwachtingen van Nouredin. Ik ging ervan uit dat hij zijn behandelplan zou lezen en zijn eigen mening zou geven.'* Er is natuurlijk helemaal niets mis mee om uit te gaan van bepaalde verwachtingen van je cliënten. Dat doet zowat elke hulpverlener. Wat vaak wel vergeten wordt is dat de verwachtingen niet uitgesproken worden, waardoor later misverstanden ontstaan. Dus zeggen dat ze achteraf te hoge verwachtingen had, is te snel geconcludeerd. Hij heeft het plan bekeken en zijn ongezouten mening gegeven. Vooral non-verbaal (norse toon, vals kijken) heeft hij haar laten weten dat hij het plan maar niks vond. Dat het niet strookt met wat Ebru had verwacht, wil niet zeggen dat hij het plan zelfstandig kan lezen en geen mening kan formuleren.

Ebru schrok er vooral van dat Nouredin niets met haar te maken wil hebben. Natuurlijk was het achteraf beter geweest om het behandelplan samen door te nemen zodat ze zelf wat toelichting kon geven. Het plan bevat kritische noten over zijn gedrag en dat valt rauw op zijn dak. Door voor Nouredin even de tijd te nemen en haar verwachtingen duidelijk uit te spreken, had Ebru in ieder geval kunnen voorkomen dat hij alles uit het behandelplan als kritiek op zijn hele persoonlijkheid zou interpreteren. Toch is dit geen opzichzelfstaand praktijkgeval. Door hoge tijdsdruk hebben de hulpverleners niet altijd de tijd die nodig is om de cliënt goed te kunnen ondersteunen. Vandaar dat ik de dialoog start waar Ebru Nouredin weer tegenkomt en hij haar het behandelplan teruggeeft. Ze begint eerst met zich te verantwoorden. Daarna gaat ze in aansluiting van stap 1 van het brugmodel verder met open vragen stellen en stelt ze zich onbevangen op.

Ebru: 'Zeg, Nouredin, ik wil even zeggen dat ik het rot voor je vond dat ik geen tijd had om het behandelplan met je door te nemen. Ik ken je als een intelligente jongen. Daarom dacht ik; ik geef het alvast aan jou en dan bespreken we het andere keer wel. Nu wil ik graag van je weten wat je ervan vond. Ik kan me voorstellen dat je vragen hebt.'

Nouredin: 'Ik heb er niets aan toe te voegen. Hier heb je het terug.'

Ebru: 'Ik zie dat je nors kijkt, mag ik vragen waarom? Ik kan daar wat van leren. Ik wil je mening horen zodat we samen daar wijzer van worden.'

Nouredin: 'Waarom schrijf je alleen maar lelijke dingen over mij? Dat ik agressief ben en zo. Voor jou kom ik agressief over als ik een keer hard praat of dominant aanwezig ben.'

Ebru: 'Mag ik jou vragen wat dan voor jou agressief gedrag is?'

Nouredin: 'Als iemand gaat slaan, dan is hij agressief.'

Ebru: 'Is dat iets wat jij alleen vindt of wordt dit breed gedragen binnen jouw familie?'

Nouredin: 'Ja, thuis praatte iedereen door elkaar. Als je jezelf wilde laten horen, dan moest je eroverheen schreeuwen.'

Ebru zorgt er op deze wijze voor dat Nouredin eerst tot rust komt en meer vertelt over de manier waarop hij thuis is opgevoed. Ze toont begrip voor de situatie van Nouredin en laat zien dat ze nieuwsgierig is naar zijn achtergrond. Dat betekent geenszins dat ze nu plotseling alles wat Nouredin doet moet accepteren. In de volgende stap van het brugmodel zou ze Nouredin kunnen vertellen dat zijn gedrag buiten zijn familie niet altijd positief wordt gewaardeerd, laat staan begrepen. Zo spreekt Ebru ook duidelijk uit wat ze van Nouredin verwacht.

Ebru: 'Ik snap dat je een hele andere opvatting hebt over wanneer iemand agressief gedrag vertoont. Hier wordt hard schreeuwen en met je vuist op tafel slaan al snel als agressieve daad gezien. Dat schrijf ik ook in mijn plan over jou. Dat herken je wel, toch?'

Nouredin: 'Ja, maar moet ik dan mijn gedrag veranderen om dat jij het zo ziet?'

Ebru: 'Nee, van mij mag je jouw gedrag binnen je vriendenkring en familie laten zien. Als ze dat begrijpen van jou prima! Maar als je in deze maatschappij wilt slagen, dan zal ik je moeten adviseren om een andere houding aan te nemen. De meeste Nederlanders interpreteren jouw eerste gedrag negatief.'

Nouredin: 'Oké, welke adviezen heb je dan voor mij?'

Ebru: 'Voordat ik met een aantal tips kom, wil ik eerst het hele behandelplan punt voor punt met je bespreken. Ik wil weten hoe je over die andere punten denkt. Daarna kunnen we samen bespreken wat het beste bij je past. We beginnen met de eerste bladzijde van het behandelplan. Zullen we?'

Doordat Ebru eerst aangeeft dat ze snapt dat Nouredin een andere opvatting heeft over agressief gedrag, toont ze een groot empathisch vermogen. Het gevolg hiervan is dat Nouredin zich serieus genomen voelt. Hij gaat nu zelf nadenken wat hij kan doen om niet meer zo agressief over te komen. Met de laatste opmerking *'we beginnen met de eerste bladzijde van het behandelplan'*, zet Ebru de laatste stap van het brugmodel. Nu gaat ze met Nouredin bekijken hoe hij zich zo kan gedragen binnen de groep zodat hij niet meer agressief overkomt.

Irritaties vanwege discriminatie

Dat er regelmatig botsingen plaatsvinden tussen mannelijke en vrouwelijke medewerkers binnen penitentiaire inrichtingen blijkt uit de volgende twee casussen. De volgende casus wordt verteld door een vrouwelijke inrichtingswerker, Yolanda. Zij werkt voornamelijk met mannelijke gedetineerden die net van het politiebureau komen, en mannen die binnen het huis van bewaring niet willen werken of moeilijk functioneren.

HOOFDSTUK 3: DIVERSITEITSDENKEN IN DE PRAKTIJK

CASUS 9: ALI NEEMT GEEN OPDRACHTEN AAN VAN VROUWEN

> Een cliënt, een Marokkaan of een Turk, ik kon dat niet zien aan zijn uiterlijk of zijn naam 'Ali', komt terug van een transport van de rechtbank. Hij heeft beperkingen opgelegd gekregen. Zo mag hij geen contact hebben met zijn medegedetineerden. Ik vang hem op en begeleid hem naar zijn cel. Als ik hem wil opsluiten, sputtert hij tegen en kijkt me streng aan. 'Waarom sluit je me op? Ik heb recht op luchten en daarna wil ik douchen!' Ik raak geïrriteerd en antwoord hem: 'Ik ga even kijken wat ik kan doen en kom zo terug.' Daarop probeert hij de celdeur open te duwen en zegt dat hij recht heeft op luchten. Met mijn voet houd ik de celdeur tegen en duw de deur dicht en zeg opnieuw 'ik kom zo terug'. Ik wil namelijk checken op kantoor of hij al gelucht en gedoucht heeft en of de douche en luchtkooi vrij is. Hij had inderdaad niet gelucht en gedoucht. Dus loop ik terug naar zijn cel en zeg dat hij mag luchten en douchen, maar dat hij met niemand onderweg mag praten.
>
> Met de eerste bekende die hij op de gang tegenkomt begint hij een praatje. Ik word boos, loop naar hem toe en zeg op een bevelende toon 'je hebt recht om te luchten en te douchen, maar dan moet je wel meelopen, anders sluit ik je op.' Onder protest loopt hij mee naar de luchtkooi. Eenmaal terug op kantoor vertel ik dit verhaal aan mijn Turkse collega. Ik laat blijken dat ik zeer geïrriteerd was door de opstelling van Ali. Daarop vertelt hij dat deze jongen problemen heeft met het aannemen van opdrachten van een vrouw.

Dit is een casus die alle ingrediënten in zich heeft om te ontaarden in een boosaardig conflict. Zowel de professional als de cliënt geven geen duimbreed toe. De cliënt beroept zich op zijn recht en de professional wil zijn macht laten zien. Hieronder is uitgewerkt hoe het anders had gekund vanaf het moment dat de hulpverleenster Ali naar de cel begeleidt en hij protesteert:

Ali: 'Waarom sluit je me op? Ik heb recht op luchten en daarna wil ik douchen!'

Yolanda: 'Je hebt gelijk. Als je dat nog niet hebt gedaan, dan ga ik dat zo regelen. Kun je heel even wachten in je cel, dan ga ik kijken of de luchtkooi vrij is.'

Omdat Yolanda niet meteen geïrriteerd raakt en niet wantrouwend reageert op wat Ali zegt, voorkomt ze dat Ali agressiever wordt en later wraak neemt door ook niet te luisteren naar wat ze van hem eist.

In deze eerste stap van het brugmodel stelt ze zich nieuwsgierig en onbevangen op. Als Yolanda na het checken op kantoor terugkomt spreekt ze haar verwachtingen uit. Dat is de tweede stap van het brugmodel. Ze is open naar hem over de regels die hier gelden. Ze legt hem op een respectvolle manier uit waarmee hij rekening moet houden.

Yolanda: 'Ik kom je ophalen om naar de luchtkooi te gaan. Dat had ik je beloofd. Nu wil ik dat jij mij belooft met niemand onderweg te praten. Dat is namelijk niet toegestaan. Onder deze voorwaarde mag je mee, is dat akkoord?'

Yolanda doet wat ze belooft en spreekt Ali aan om ook hetzelfde te doen. De derde stap van het brugmodel is hiermee gezet. Ze kiest niet direct voor de confrontatie, maar probeert een brug te slaan. In de oorspronkelijke casus trekt hij zich niets van Yolanda aan, omdat ze hem onnodig agressief maakte door niet in te gaan op zijn eis. Yolanda schoot onnodig in de stress. Met het diversiteitsdenken volgt ze de stappen van het brugmodel en benadrukt ze de zes houdingsaspecten die daarbij horen. Doordat ze in het begin haar empathie benadrukt, rustig blijft, zich bescheiden opstelt en doet wat ze zegt, lukt het haar om een ontspannen, veilige en vreedzame sfeer te creëren. Door een andere aanpak voelt Ali zich serieus genomen en is de kans dat hij zich aan zijn belofte houdt ook veel groter.

CASUS 10: THIJS GEDRAAGT ZICH OPSTANDIG

Hieronder wordt een casus verteld door een hulpverleenster met Indische wortels. Het speelt zich af in een gedwongen kader, de jeugdreclassering. Janie is 32 jaar en behoort tot de derde generatie van haar familie in Holland. Ondanks haar Aziatische uiterlijk voelt ze zich erg Nederlands in haar denken en doen. Toch voelt ze een bezoek aan de pasar malam, Indische markt, in Nederland als 'een beetje thuiskomen'. Zij werkt sinds vier jaar in de jeugdreclassering en ervaart het contact met Thijs, die allerlei symptomen vertoont van iemand die in een identiteitscrisis zit en altijd ruzie zoekt, als zeer lastig.

HOOFDSTUK 3: DIVERSITEITSDENKEN IN DE PRAKTIJK

> Thijs is een jongen van 18 jaar die in een klein dorp is geboren. Hij is de middelste zoon uit een gezin van drie zonen. Hij woont nog bij zijn ouders. Thijs gaat 1 dag per week naar school en heeft geen andere dagbesteding. Hij is aangemeld bij de jeugdreclassering vanwege een groepsmishandeling. Thuis maakt hij veel ruzie met zijn broers en zijn ouders. Vanuit het begeleidingskader van de jeugdreclassering heb ik samen met zijn vrienden een 'leerstraf vrienden' opgelegd. Hier wordt door middel van metacommunicatie dieper ingegaan op de groepsdynamiek en beïnvloeding van elkaar. Tijdens de training die ik samen met mijn collega geef, gedraagt Thijs zich recalcitrant. Hij is een stoorzender. Thijs ventileert met instemming van de rest van de jongens zijn extreem rechtse opvattingen. Na de training neem ik hem apart. Ook tijdens het individueel gesprek heeft hij een grote bek en is hij zeer grof. Hij scheldt mij uit voor kankerwijf als ik hem wijs op zijn gedrag. Ik probeer me te beheersen om niet terug te schelden. Het lijkt erop dat hij elk woord dat ik tot hem richt voelt als een aanval. Ik kan gewoon niet bereiken dat hij op een open manier met mij communiceert. Wat ik ook probeer, met een open benadering, geduldig, de druk opvoeren, passief, confronterend. Niets werkt. Door de vele conflicten met hem raak ik er zo moedeloos van dat ik soms hoop dat hij niet meer op onze afspraken verschijnt.

Hier spreekt een hulpverleenster die bijna ten einde raad is en bij wie het geduld met de cliënt helemaal dreigt op te raken. Eén van de redenen waarom de communicatie stroef loopt, is dat Janie allerlei verschillende manieren uitprobeert om Thijs te bereiken. Tijdens de communicatie ontgaat het Thijs niet dat daarbij haar mimiek, haar gezichtsuitdrukking, voortdurend verandert. Wat ze ook doet, ondermeer door zich te beheersen als hij haar uitscheldt of juist de confrontatie zoekt, dan weer passief, het lukt haar niet om contact met hem te maken zoals ze dat graag voor ogen ziet. Juist de afwisselende inzet van al deze verschillende benaderingen in één gespreksbeurt heeft een averechts effect. Thijs heeft in de gaten dat Janie niet meer weet hoe met hem om te gaan. Zij komt onzeker over doordat ze diverse middelen in de strijd werpt. Daar is Thijs op uit: Janie voortdurend uitdagen en op de kast jagen. Dat lijkt te werken en dat sterkt hem in zijn manier van omgang met haar. Thijs gedraagt zich grof en zoekt voortdurend ruzie met haar.

Laten we kijken of we met het brugmodel haar verder kunnen helpen. We pakken het gesprek op bij het moment waarop Thijs apart wordt genomen. De eerste stap van het brugmodel is met informerende vragen en inlevingsvermogen te achterhalen hoe Thijs denkt en waarom hij zich gedraagt zoals hij zich gedraagt:

Janie: 'Weet je waarom ik je apart heb genomen?'

Thijs: 'Nee, ik heb geen idee.'

Janie: 'Ik zou graag meer willen weten over je opvattingen over buitenlanders.'

Thijs: 'Ik heb al gezegd, ze hebben een raar cultuurtje, pikken al onze banen in, passen zich nooit aan ons aan en maken veel problemen.'

Janie: 'Hoe weet je dat allemaal zo goed? Heb je wel eens buitenlanders ontmoet?'

Thijs: 'Nee, hoezo? Ik hoef toch niet met die kankerlijers om te gaan om te weten dat het zo is. Ik zie ze vaak genoeg op tv.'

In deze eerste stap is bevestigd dat Thijs absoluut niet met respect praat over buitenlanders. Janie zou kunnen concluderen dat respect iets is wat ontbreekt bij Thijs. Het belang dat hij daarbij dient is nog niet duidelijk. Het zou kunnen zijn dat hij met zijn uitspraken zijn 'status' in de groep wil verhogen. Om dit te checken probeert Janie via de tweede stap van het brugmodel Thijs een spiegel voor te houden. Het doel is dat hij geconfronteerd wordt met zijn ferme uitspraken. Janie vertelt dan tegelijkertijd hoe zij ten opzichte van zijn opvattingen staat. Als Thijs na gaat denken ventileert hij zulke uitspraken slechts om stoer gevonden te worden door andere groepsleden. In dat geval lijdt hij aan een groot gebrek aan aandacht en is dat misschien de reden waarom hij regelmatig ruzie zoekt. Zijn belang is aandacht trekken. Daar kan Janie mee aan de slag. Ze kan hem helpen om positieve aandacht te krijgen en met respect voor de ander of verwijzen naar een specialist die met hem verder aan de slag gaat. Het gesprek zou als volgt voortgezet kunnen worden.

Janie: 'Ik hoor dat je uitgesproken opvattingen hebt over buitenlanders. Dat doet mij echt zeer mijn oren. Zelf heb ik ook buitenlands bloed, ik heb Indische wortels. Toch voel ik me heel Nederlands. Weet je hoe dat komt?'

Thijs: 'Ja, maar jij bent hier geboren. Ik bedoel de andere buitenlanders.'

Janie: 'Zal ik jou eens vertellen wat voor gevoel ik krijg als je zo negatief over buitenlanders doet? Het bevestigt mijn vooroordeel dat mensen die in een dorp geboren zijn, zoals jij, en nooit uit hun dorp komen ver achter lopen op mensen die in een gemengde stad wonen. Sommige stedelingen vinden dorpelingen allemaal achterlijke boeren of kankerlijers zoals jij buitenlanders noemt. Wat vind je daarvan?'

Thijs: 'Mensen die dat zeggen zijn zelf achterlijk. Ik ben regelmatig in een stad uitgeweest.'

Janie: 'En als ik je nu vertel dat wat jij zegt over buitenlanders net zo achterlijk is als uitspraken van mensen uit de stad die jou achterlijk vinden, omdat je uit een dorp komt?'

Het antwoord dat Thijs op deze laatste vraag geeft, is bepalend voor hoe Janie gaat besluiten met Thijs om te gaan. Dat vormt de derde stap van het brugmodel. Als Thijs even niks zegt of laat zien dat hij nadenkt voordat hij reageert, dan is dat een teken dat Janies boodschap goed is overgekomen. Gaat Thijs direct tekeer door haar uit te schelden en blijft hij negatief over buitenlanders, dan kan Janie besluiten om het gesprek onmiddellijk te beëindigen. Vervolgens kan ze hem de gelegenheid geven om hem te laten afkoelen in zijn cel. Daarna kan ze bedenken – eventueel in overleg met collega's – welk traject ze kunnen bewandelen met Thijs. Het zou kunnen zijn dat ze hem niet meer in de groep de training laat volgen. Dat zal Thijs als een zware straf opvatten, omdat hij dan geen podium meer heeft om zijn 'status' in de groep hoog te houden.

Literatuur

Adams, Daniel C., Aqui Patricia M. (2001). 'Intercultural Leadership: A Program Model for Students in Higher Education.' In C.L. Outcalt, S.K. Faris, and K.N. McMahon (Eds.), Developing Non-Hierarchical Leadership (pp. 189-201). Westport: Greenwood Press.

Boulbahaiem, Malika (2007). 'Een missing link. Over de psychosociale ondersteuning bij Marokkaanse kankerpatienten in het Ziekenhuis Oost Limburg', eindverhandeling ingediend voor het behalen van het diploma maatschappelijk assistent.

Abkader Chrifi, *Het succes ligt op straat* (2004), Utrecht: Kosmos-Z&K Uitgevers.

Alkema, Jelle (2007). *Global Organizational Networks*. Oosterhout: Alkema en Backer.

Azghari, Youssef (2007, 3^e druk), *Cultuurbepaalde Communicatie*. Soest: Nelissen.

Bakker, Han (2005). *Creatief denken.* Soest: Nelissen.

Bovenkerk, Frans, Komen, Mieke en Yesilgöz, Yücel (2003). *Multiculturaliteit in de strafrechtspleging.* Den Haag: Boom Juridische uitgevers.

End-meijling, Martha (2007). *Met nieuwe ogen. Werkboek voor de ontwikkeling van transculturele attitude.* Bussum: Couthinho.

Feisal, Abdul Rauf (2004). *What's right with islam is what's right with America.* Harper San Francisco.

Glastra, Folke (1999). *Organisaties en diversiteit.* Culemborg: Lemma.

Hoffman, Edwin (2002). *Interculturele gespreksvoering.* Houten/Diegem: Bohn Stafleu van Loghum.

Kuiper, Jos (2006). *Leerboek communicatie Social Work.* Soest: Nelissen.

Kampen, van Dick, Meijlink, Tiemo, Woertman, Elise (2008). *De kunst van het pastoraat in een seculiere en pluralistusche context.* Gorinchem: Narratio.

Landis, Dan and Bhagat, Rabi S. (1996). *Handbook of Intercultural Training,* 2 nd Edition, Thousand Oaks: Sage Publications.

Meekeren, Erwin van, Limburg-Okken, Annechien & Ronald May (2002). *Culturen binnen psychiatrie-muren.* Amsterdam: Boom.

Memmi, Albert (1973), *'Racisme hoezo?', een poging te komen tot een definitie,* Nijmegen: Masusa.

Nahas, Omar (2005). *Homo en moslim, hoe gaat dat samen?* 100 vragen over islam en homoseksualiteit. Utrecht: Forum.

Oomkes, Frank, Garber, Alan (2006). *Communiceren. Contact maken, houden en verdiepen.* Amsterdam: Boom onderwijs.

Pinto, David (2002). *Interculturele communicatie.* Houten: Bohn stafleu van Loghum.

Siesling, Mirjam (2006). *Multiculturaliteit en verdediging in strafzaken.* Den Haag: Boom Juridische uitgevers.

Schuringa, Leida (2003). *Omgaan met diversiteit. Een uitdaging.* Soest: Nelissen.

Verhagen, Frans. *The American way.* Amsterdam: Nieuw Amsterdam Uitgevers.

Verslagboek 'Feminisme in veelvoud', lezing door Maaike Botman, Universiteit Utrecht & Next Gender, 22 juni 2004.

Weerman, Alie (2006). *Zes psycholgische stromingen, één cliënt.* Soest: Nelissen.

Wekker, Gloria, lezing 4 maart 2005, conferentie caleidoscopia 'ontmoeting over grenzen', Amsterdam.

Wolf, Manfred. (2006). Review of Youssef Azghari's 'Culturally Determined Communication'. San Francisco Chronicle: January 15, 2006.

Wolf, Manfred (2008). *Almost a Foreign Country: A Personal Geography in Columns and Aphorisms.* New York Bloomington: iUniverse, Inc.

Wuthnow, Robert (2005). *America and the challenges of religious diversity.* New Jersey: Princeton University Press.

Bijlagen

Bijlage 1: Zorg heeft mensen nodig die andere
culturen kennen, *Trouw*, 1 september 2007   127

Bijlage 2: Geef culturele voorlichting op scholen
Trouw, 25 september 2007   129

Bijlage 3: Molukse lessen voor Marokkanen die
radicaliseren, *Trouw*, 22 mei 2007   131

Bijlage 4: Amerika is een strenge vader,
Europa een zorgzame moeder, *NRC Handelsblad*,
1 december 2007   133

Bijlage 5: Respectvol liegen houdt verschil in
strafmaat in stand, *Trouw*, 6 mei 2008   137

Bijlage 6: Culturele diversiteit en strafzaken
Perspectief, februari 2008   139

Bijlage 7: De leugen regeert over de kleur van Obama
Trouw, 8 november 2008   149

Bijlage 8: Jezelf superieur voelen, leidt altijd tot rampen
Trouw, 23 oktober 2007   153

Bijlage 9: Jonge moslims op zoek naar 'change'
Trouw, 23 januari 2009   155

Bijlage 10: Weigeren hand is onvolwassen
Trouw, 20 augustus 2008   159

Bijlage 11: Onderwijs heeft nog te weinig oog
voor cultuurverschillen, *SBM*, juni 2007   163

Bijlage 1
Zorg heeft mensen nodig die andere culturen kennen

Trouw, 1 september 2007
Door: Youssef Azghari

Hoewel in de ziekenhuizen steeds meer mensen met een kleurtje komen, is er nog steeds te weinig oog voor een aanpak die recht doet aan culturele diversiteit. Een witte aanpak is nu dominant.

Men gaat er automatisch van uit dat de patiënt van deze tijd direct, open en verantwoordelijk is voor zijn lot. Als hem iets dwars zit vertelt hij dat zonder schroom aan de dokter. Na een medische diagnose bepaalt de dokter in overleg met zijn mondige patiënt het behandelplan. Een ideale patiënt helpt de dokter bij zijn onderzoek. Door zijn directe antwoorden krijgt de arts een beter beeld van wat er aan de hand is. Dit vraaggericht werken is niet in alle culturen gemeengoed. Dat valt me op als ik mijn ouders vergezel naar het ziekenhuis. Nu ze allebei op leeftijd zijn hebben ze regelmatig last van ouderdomskwalen, zoals slechter lopen, zien en horen. Ik ga mee om te tolken. Ze zijn in contact met de arts verlegen en terughoudend. Mijn ouders laten bijna alles aan de arts over. Als de specialist hen vraagt wat ze precies mankeren, fronsen ze met de wenkbrauwen. 'Weet de dokter dat dan zelf niet? Hij heeft er toch voor gestudeerd!', zie ik ze denken. De man in de witte jas plaatsen ze op een voetstuk. Ze doen braaf wat van hen gevraagd wordt. Op alles wat de arts zegt knikken ze 'ja' uit respect. Voor de eerste-generatie Marokkanen is een dokter een halve heilige. Blanke zorgverleners hebben niet altijd door dat ze op hun vragen geen volledig antwoord krijgen. Zij vragen niet door op de sociaal gewenste antwoorden. Daar hebben zowel zorg- als hulpverleners last van. Ze zijn gewend om iedereen gelijk te behandelen en denken dat hun patiënt of cliënt vrij is om tijdig aan de bel te trekken. Dat is een denkfout die ervoor zorgt dat niet iedereen optimaal hulp krijgt.

Door dit gelijke-monniken-gelijke-kappen-principe en het idee dat ieder vrij is te beslissen verliest men oog voor diversiteit. Een arts die hiernaar handelt doet onbedoeld leden uit een andere cultuur tekort. En niet alleen bij bestrijding van lichamelijke kwalen doet zich dit voor maar ook bij psychische problemen. Een zeer schrijnend geval vormt het lot van een Marokkaanse vader boven de zeventig bij wie kanker was geconstateerd. Hij had een slechte prognose. Volgens de arts had hij nog twee maanden te leven. Zijn dochter, die met hem in onmin leefde en van huis weg liep, wilde aan het einde van zijn leven alles bijleggen. Zij wilde op een intieme manier afscheid nemen en om vergeving vragen. Haar vader stak hier een stokje voor. Hij voelde zich mislukt, omdat zij niet voldeed aan zijn verwachtingen. Zijn dochter was volgens hem te verwesterd. Zij was een alleenstaande moeder en rookte ook nog. Verbitterd koos hij om zijn einde zonder haar door te brengen. Hij bad elke dag tot God om vergiffenis. Zo'n vader die op zijn sterfbed zijn verantwoordelijkheid om het ooit goed te maken met zijn dochter afschuift naar boven schreeuwt om hulp.

Maar niemand greep in omdat volgens de witte aanpak de keuzevrijheid en eigen verantwoordelijkheid van de patiënt heilig zijn. Dit, terwijl de oplossing voor de hand lag. Een bemiddelaar tussen vader en dochter, zoals een maatschappelijk werker, had de vader in zijn taal een spiegel kunnen voorhouden. Hoe kon hij verwachten dat God hem helemaal vergeeft als hij niet bereid is dat bij zijn eigen dochter te doen? Voor hen komt hulp te laat. Hij is vertrokken zonder van haar afscheid te nemen. Zulke droevige gevallen zijn er legio, maar omdat schaamte binnen de Marokkaanse gemeenschap overheerst worden ze doodgezwegen. Daarom zouden er, om meer psychisch leed te voorkomen, in elk ziekenhuis bemiddelaars met verstand van diversiteit en spiritualiteit moeten rondlopen. De bezinningsmaand ramadan, die deze week begint, vormt een uitgelezen moment om met dit idee aan de slag te gaan.

Bijlage 2
Geef culturele voorlichting op scholen

Trouw, 25 september 2007
Door: Youssef Azghari

De Wetenschappelijke Raad voor het Regeringsbeleid heeft in zijn onderzoek vastgesteld dat identiteit niet enkelvoudig is. Daarom spreekt de WRR liever over identificatie met Nederland. Zo heet ook het rapport dat gisteren gepresenteerd is. Met deze open benadering zorgen we ervoor dat iedereen zich hier thuis voelt. Het voorkomt dat nieuwe Nederlanders zich buitengesloten voelen of zelfs radicaliseren. Bij identificatie benadruk je de overeenkomsten met de ander en zie je de verschillen niet als bedreiging maar als een kans. Identificatie richt zich niet op vroeger, zoals bij nationale identiteit, maar op de toekomst. Dat moet je vroeg leren. Vandaar het voorstel van de WRR om toekomstige verbindingen tussen mensen met diverse achtergronden op de basisschool te leggen. In de praktijk betekent het dat vooral blanke scholen hun vensters wijdopen moeten zetten voor ook die leerling die niet geheel past bij hun identiteit. Een nobel streven, het houdt apartheid in het onderwijs tegen. Toch vraag ik me af of je zo'n verbindingsopdracht bij wet kunt afdwingen.

Voor een antwoord moet ik dertig jaar terug in de tijd. Toen zat ik op zo'n blanke, katholieke basisschool. Ik stroomde rechtstreeks uit Marokko de eerste klas binnen. In een groep vol kaaskoppen voelde ik me een vreemde eend in de bijt. Ik kon niemand verstaan. In het begin voelde ik me er niet thuis. Iedereen staarde me aan en niemand wilde met me spelen. Natuurlijk ging ik braaf naar school. Dat moest van mijn ouders, anders kreeg ik straf. Toen ik me mijn nieuwe taal eigen had gemaakt, kreeg ik vaker zin om naar school te gaan. Ik maakte snel vriendjes. Als ik terugkwam van vakantie naar Marokko trappelde ik van ongeduld om weer naar school te gaan. Nooit stond ik lang stil bij mijn identiteit. Ik deed mee aan Sinterklaas en Kerstmis én aan de Ramadan en het offerfeest. Verschillen met mijn klasgenoten werkten soms in mijn voordeel. Elke woensdagmiddag gingen we na schooltijd naar de slagerij op de hoek. Iedereen kreeg een dun plakje varkensworst, maar aan mij gaf de slager als enige een groot brok kaas. De enige cultuurschok die ik meemaakte was tijdens de seksuele voorlichting op het einde van de basisschool. Met grote ogen keek ik naar de jufrouw die met plaatjes uitlegde hoe alles werkte. Dit heb ik nooit aan mijn ouders verteld, omdat vrij spreken over seksualiteit een taboe is. Meer dan constateren dat wij op dit punt anders waren dan die Hollanders deed ik niet.

Pas toen ik puber werd begon ik na te denken wie ik was. Dat stukje denkwerk miste ik op school. Ik ging daarom Arabisch studeren. Mijn identiteit zocht ik op door te graven in het verleden van de Arabieren. Toen ik erachter kwam dat ik juist afstand nam van mijn echte wortels, hield ik op met zoeken. Sindsdien ga ik gemoedelijker om met mijn oorspronkelijke identiteit. Daarbij tel ik liever alles wat ik waardevol vind bij elkaar op dan dat ik gedwongen word te kiezen tussen de bok en de geit. Achteraf was mij veel gedoe bespaard gebleven als ik vanaf de basisschool behalve seksuele voorlichting ook culturele voorlichting had gehad. Een andere tip, bestemd voor de regering, is om blanke scholen met extra middelen te stimuleren langdurige uitwisselingsprogramma's met zwarte scholen aan te gaan en omgekeerd. Voor leerlingen zou het een verplicht onderdeel zijn van hun lesprogramma en voor docenten goed voor hun deskundigheid. Dat is praktisch haalbaar en werkt effectiever dan via een wettelijke opdracht afdwingen dat scholen moeten gaan experimenteren met vormen van verbinden. De meeste scholen staan best open voor meervoudige identiteiten als ze maar voldoende faciliteiten krijgen. En scholen die aan apartheid doen, verdwijnen op termijn vanzelf omdat de komende generaties zich daar niet mee kunnen identificeren.

Bijlage 3
Molukse lessen voor Marokkanen die radicaliseren

Trouw, 22 mei 2007
Door: Youssef Azghari

Welke les we kunnen trekken om radicalisering onder moslimjongeren te bestrijden, ligt deels besloten in de geschiedenis van de Nederlandse Molukkers.

Morgen is het precies dertig jaar geleden dat Nederland opgeschrikt werd door een treinkaping. Jonge geradicaliseerde Zuid-Molukkers vroegen met deze terroristische daad aandacht voor hun strijd voor de republiek der Zuid-Molukken. Zo wilden zij de Nederlandse regering dwingen hun droom te realiseren. Hun verblijf hier was immers maar tijdelijk. Ooit zouden ze terugkeren naar hun beloofde land. De kaping, die met geweld werd beëindigd, had grote impact op de Zuid-Molukse gemeenschap. Hun trots werd gekrenkt en hun imago daalde tot ver onder het vriespunt. Plotseling zagen veel Nederlanders de Molukkers als het grootste gevaar voor hun rechtsstaat. Ze werden extra in de gaten gehouden en de media brachten de radicalisering onder Molukkers, die hier geboren en getogen waren, breed in beeld.

Het gevolg was dat Molukkers, die veelal geconcentreerd en in aparte wijken wonen, zich met het schaamrood op hun kaken terugtrokken. Ze voelden zich gestigmatiseerd en niet begrepen. Later hebben de Molukkers het heft in eigen hand genomen en zijn ze de problemen, zoals ontsporing en radicalisering onder Molukse jongeren, zelf te lijf gegaan. Binnen twee generaties keerde de rust in eigen gelederen terug en verbeterde hun imago. Tegenwoordig vormen ze met de Indische Nederlanders het voorbeeld van geslaagde integratie.
Dat er parallellen zijn te trekken met andere minderheidsgroepen, spreekt voor zich. Zo doen Marokkanen nu hetzelfde als de Molukkers na de treinkaping. Zij kruipen in hun schulp, omdat ze niet weten hoe ze de slechte beeldvorming over hen nog kunnen keren.

Het aantal jongeren dat zich isoleert van de samenleving en radicaliseert, stijgt. Wat hen bindt is dat zij tot in details het voorbeeld van de profeet volgen. Gelukkig zijn ze niet allemaal zo gewelddadig en koppig als Mohammed B.

Integendeel, een groot aantal van hen is juist pienter en staat open voor andersdenkenden. Je ziet ze echter zelden in de media, omdat ze niet graag in beeld komen. Wel kom je ze in grote steden tegen.

Afgelopen week ontmoette ik in de trein een jonge Marokkaan, die er heel traditioneel uitzag: wit gewaad, baard en in zijn borstzak een miswaak, een boomwortel die de profeet Mohammed gebruikte als tandenborstel. Ik groette hem en ging naast hem zitten. Hij kwam net terug uit Utrecht waar hij islamlessen had gevolgd. Op mijn vraag waarom hij zich zo strak hield aan de oude tradities, antwoordde hij dat ze hem op het rechte pad hielden. Hij was vroeger een boefje. Bij doorvragen bleek deze jongeman van twintig een kind te zijn van een gemengd huwelijk. Zijn Nederlandse moeder is een atheïst en zijn Marokkaanse vader is in zijn ogen geen goede moslim omdat hij niet elke dag bidt en nooit naar de moskee gaat. Nu jaagt hij een droom na door de profeet na te apen om duidelijk te maken 'ik ben een echte moslim!' Daarin lijkt hij op de radicale Molukkers van toen, die uit onzekerheid over hun identiteit alles uit de kast haalden om te zeggen 'Hier staat een Molukker!' Deze jongens van Nederlandse bodem zochten via symbolen fanatiek naar erkenning van hun identiteit.

We kunnen radicalisering onder Marokkaanse jongeren voorkomen als we ze bewust maken dat hun extreme gedrag hun ontwikkeling remt. Dan is het wel nodig dat ook de oudere Marokkanen, net als de Molukkers destijds, hun jongens helpen om hun trots en zelfvertrouwen te hervinden. Als we ze serieus nemen en kansen bieden om in dit land (tot halverwege vorige eeuw het grootste moslimrijk) iets van hun leven te maken, hebben ze geen behoefte aan radicale opvattingen. Dat is de Molukse les.

Bijlage 4
Amerika is een strenge vader, Europa een zorgzame moeder

Over identiteit en diversiteit: moslims in de VS en Europa
Door Youssef Azghari en Manfred Wolf
NRC Handelsblad, 1 december 2007

Steeds vaker roept men in Europa dat Amerika hét voorbeeld is waar immigranten het snelst en beste integreren. Meestal wijzen deze pleidooihouders naar succesverhalen van de Amerikaanse immigranten.

Door de harde Amerikaanse houding en het daaraan gekoppelde jaarlijkse quotum voor het verstrekken van green cards weten de gelukzoekers precies waar ze aan toe zijn. Op het moment dat miljoenen immigranten vanaf eind negentiende eeuw per boot op Ellis Island in New York aanmeerden werd hen meteen duidelijk wat Amerika van hen verwacht. De massale stroom van nieuwe immigranten hoefden niet op steun te rekenen van de Amerikaanse overheid. Zij waren tenslotte uit eigen beweging gekomen om een nieuwe toekomst op te bouwen. Dit verschilt met Europa waar veel immigranten actief zijn geworven.

Deze zoek-het-zelf-maar-uit-houding is tot op heden niet veranderd. In het land waar vrijheid de heiligste waarde vormt is ieder individu zelf verantwoordelijk voor zijn geluk en broodwinning. Deze opstelling zal zeker immigranten die uit een groepscultuur komen een cultuurschok bezorgen. Maar naast dit nadeel biedt het natuurlijk nieuwe kansen voor avonturiers, ondernemers en mensen met talent. Centraal staat dan ook wat ze kunnen presteren en bijdragen aan hun nieuwe vaderland. Zowel hun socio-economische en culturele of religieuze achtergrond als hun vluchtverhaal, vanwege politieke of economische redenen, zijn van minder belang. Ze moeten vanaf de eerste dag zien te rooien.

In tegenstelling hiermee zijn in het rijkste deel van Europa, Duitsland, Frankrijk en Nederland, in de jaren zestig de gastarbeiders rondom de Middellandse Zee gevraagd om te komen werken in hun fabrieken. Nederland heeft Marokkaanse immigranten gehaald uit het armste deel van Marokko, het Rifgebergte. De gastarbeiders die naar Europa mochten waren arbeiders voor de lopende band, niet geschikt voor Marokkanen met brains. Meestal waren ze afkomstig uit de laagste sociaal economische klasse met nauwelijks opleiding. Als analfabeten gingen ze veelal aan de slag in een ongeschoolde baan. Het gevolg is dat in Europa een invloedrijke intellectuele moslimelite, die de achterban helpt met het zoeken van een nieuwe identiteit, geheel ontbreekt.

Hoe anders is dat in Amerika waar moslims meestal uit een goed milieu komen. Zij hadden anders dan de gastarbeiders in Europa geld achter de hand en een goede opleiding achter de rug. Maar wat ook hun achtergrond is, op het moment dat immigranten in Amerika deelnemen aan de arbeidsmarkt, ontwikkelen ze zich als goede Amerikaanse burgers. Ook dat verschilt met wat we in Europa zien. Ongeacht hun verblijf worden immigranten voor eeuwig als allochtoon betiteld. Wellicht verklaart dat waarom ze zich minder snel geaccepteerd voelen.

Amerikaanse moslims verdienen vaker dan hun moslimgenoten in Europa modaal. Hun inkomen ligt zelfs hoger dan dat van Afro-Amerikanen en Hispanisten. Er zijn talrijke voorbeelden van Amerikaanse moslims die deel uitmaken van welvarende milieus. Zo leven alleen al in de San Francisco regio duizenden Amerikanen van Afghaanse afkomst in de wijk Fremont. Een ander groot gemeenschap van Arabischislamitische Amerikanen, met wie het goed gaat, heeft zich gevestigd in het stadje Dearborn, Michigan.

In Europa zijn zulke welvarende wijken waar moslims geconcentreerd bij elkaar leven nergens te bekennen. Meestal wonen moslimmigranten in slechte buurten. Zo zie je in Frankrijk zowel de oudste als nieuwste immigranten vaak in verpauperde buitenwijken van bijvoorbeeld Parijs wonen. In Nederland zijn de meeste immigranten te vinden in verloederde wijken in grote steden als Amsterdam of Rotterdam. Daar ontstaan ook etnisch getinte problemen, zoals relletjes.

Een ander groot verschil brengt ons bij hoe identiteit wordt beleefd en ervaren. De Amerikaanse cultuur is minder vast omschreven. Er zijn diverse manieren waarop je Amerikaan kunt voelen. Als Ahmed en Yasmina een baan hebben, in een leuk huis wonen, hun schoolgaande kinderen fatsoenlijk opvoeden en niet in al te grote problemen terechtkomen worden zij gewoon als Amerikanen gezien. Het feit dat ze meedoen aan de vastenmaand Ramadan, dagelijks naar de moskee gaan of dat Yasmina een sluier draagt maakt niet dat ze minder Amerikaan zijn.

Deze flexibele houding ten aanzien van wat het inhoudt om Amerikaan te zijn stoelt op de gedachte dat de Amerikaanse cultuur sterk genoeg is om invloeden van buitenaf het hoofd te kunnen bieden. Amerikanen gaan ervan uit dat hun wereldwijde macht en waardenoriëntatie op het gebied van taal, trends, popcultuur, films, dominant zullen blijven.

In grote families waar enkele leden afwijken van de norm vinden vanzelfsprekend irritaties en botsingen plaats. Zij zullen echter sneller worden geaccepteerd dan bij kleinere families. Europese culturen zijn net als kleinere families hechter en homogener van aard dan de Amerikaanse. Dat maakt dat vreemde eenden in de bijt vaker uit de boot vallen.Natuurlijk is er bij tijd en wijle ook sprake van een culturele botsing of ontstaat er wel eens ongemak of meningsverschil tussen Amerikanen met verschillende culturele achtergronden. Maar dat is te vergelijken met de woordenwisseling en strijd die elke ouder heeft met zijn opgroeiende kinderen. Zulke onenigheden verdwijnen met de tijd. De geboorte van een nieuwe identiteit gaat immers gepaard met pijnlijke weeën.

Als we even in deze familiemetafoor blijven dan gedraagt de Verenigde Staten ten aanzien van de immigranten zich als een strenge vader en Europa als een zorgzame moeder. De vader wil zijn kind opvoeden om problemen die het tegenkomt zelf op te lossen en dat het zijn eigen weg volgt. De moeder wil graag de zorg overnemen en haar waarden en normen overdragen. Zo bekeken is de vader strenger, doch minder strak met het opleggen van zijn normen op het kind. De moeder is socialer, maar tolereert geen afwijkend gedrag van haar kind.

De kans op onverschilligheid en betutteling ligt bij respectievelijk de vader en de moeder op de loer. Het kan dus geen kwaad als de vader socialer wordt en de moeder flexibeler. Europa heeft met de introductie van de blauwe kaart voor kennismigranten in 2008 alvast een voorschot genomen op deze vaderrol. Hier volgen de Europeanen het Amerikaanse voorbeeld. Daar is een grote vrijheid in diversiteit vereist om te komen tot versterking van de eigen identiteit.

Manfred Wolf is emeritus hoogleraar San Francisco State University en publicist voor ondermeer de San Francisco Chronicle.
Youssef Azghari is hogeschooldocent Avans in s' Hertogenbosch en Breda en schrijver van Cultuurbepaalde communicatie.

Bijlage 5
Respectvol liegen houdt verschil in strafmaat in stand

Trouw, 6 mei 2008
Door: Youssef Azghari

Uit een recent Amerikaans onderzoek bleek dat gemiddeld meer dan één op de 100 volwassenen in de Verenigde Staten achter de tralies zit. De verschillen tussen de diverse groepen Amerikanen boven de 18 jaar zijn opvallend groot.

Terwijl het aantal blanke mannen dat in de cel zit rond het gemiddelde schommelt, zit maar liefst één op de 15 van alle zwarte mannen opgesloten. Ik had zo'n enorme kloof tussen blank en zwart niet verwacht. Waarom zijn de Amerikaanse gevangenissen zo zwart bevolkt?

Meestal worden door zowel experts als ervaringsdeskundigen armoede en blank racisme als belangrijkste verklaringen gegeven voor deze spectaculaire verschillen. Ook hier zien we dat daar waar het armoe troef is, relatief meer mensen zijn die vroegtijdig met misdaad in aanraking komen. Zo leert een rondgang door verpauperde wijken in de drukste steden van Nederland dat juist daar de minstbedeelden zijn neergestreken. Deze gekleurde buurten worden gekenmerkt door een hoge werkloosheid en schooluitval. Rijkere blanken en meer succesvolle emigranten leven in betere buitenwijken. Vergeleken met de armere buurten heerst er inderdaad een oase van rust. De politie hoeft daar nauwelijks op te treden.

Toch vraag ik me af of met het verschil in rust en welvaart alles verklaard is. Uit onderzoeken blijkt namelijk dat gecorrigeerd naar sociaal-economische factoren allochtone jongeren hier minstens dubbel zo vaak in aanraking met de politie komen dan autochtone jongeren. De invloed van de straatcultuur op het gedrag van bij voorbeeld Marokkaanse jongeren en hoe de politie hen beoordeelt is in deze onderzoeken onderbelicht. Onderzoekers, die beweren dat Marokkaanse en Turkse verdachten naar ervaringen van politieagenten aantoonbaar vaker liegen, plaatsen dit gedrag niet in de juiste culturele context.

Een Nederlandse wijkagent die ik ruim een week terug hierover sprak, bevestigde dit beeld. Een jonge Marokkaan die hij oppakte na een rel bleef ontkennen dat hij een steen door het raam had gegooid terwijl zijn daad gefilmd was. Zulke verdachten ontkennen niet alleen hun daden maar tonen ook minder snel spijt dan autochtonen, blijkt weer uit andere onderzoeken.
Zulke constateringen hebben gevolgen voor de strafmaat. De overwegend blanke politie en rechters raken geïrriteerd over het gedrag dat sterk afwijkt van hun eigen dominante cultuur. Als rechters vinden dat berouw onder allochtone verdachten voor hun delicten – ondanks het harde bewijs – geheel ontbreekt dan leggen ze een zwaardere straf op. Wat ze niet altijd weten is dat opgroeien in een machocultuur van eer en schaamte vaker leidt tot zwijgen of ontkennen van gepleegde daden. Dit respectvol liegen houdt etnische klassenjustitie in stand. Dit verklaart wellicht waarom allochtone jongeren langer vast zitten voor hetzelfde misdrijf.

Om te voorkomen dat kwade populisten misbruik maken van slechte scores op het gebied van allochtone misdaad moeten leden afkomstig uit hetzelfde culturele milieu dit gevoelige onderwerp zelf bespreekbaar maken.

Dat dit bij mij ongemak oproept ligt voor de hand, want er valt geen eer te behalen aan dit onderwerp. Dit onbehagen leeft ook onder onderzoekers die etnische verschillen in criminaliteit bestuderen. Ook zij bevinden zich in een spagaat. Als ze aan de ene kant uiterst voorzichtig zijn met het bespreken van hoe zwart bevolkt de Nederlandse gevangenissen zijn dan bouwen ze mee aan een nog grotere beerput. Hangen ze aan de andere kant de slechtere cijfers van minderbedeelden achter de tralies aan de grote klok, net als bij het Amerikaanse onderzoek, dan dragen ze onbedoeld bij aan versterking van negatieve beeldvorming. Om uit deze situatie te geraken en te komen tot oplossingen, dan is het noodzakelijk dat we dit taboe doorbreken.

Bijlage 6
Culturele diversiteit in strafzaken

Perspectief, februari 2008
Door: Youssef Azghari

Culturele diversiteit in strafzaken is een onderwerp dat niet alleen in de media maar ook vanuit de wetenschap steeds meer aandacht krijgt. Of er bij voorbeeld een verband bestaat tussen de invloed van de culturele achtergrond en strafbeleving is regelmatig object van onderzoek. Toch is het nog steeds niet gemakkelijk om de relatie tussen culturele diversiteit, veiligheid en misdaadcijfers vrij te bestuderen en conclusies te trekken aan de hand van wetenschappelijke bevindingen zonder daar als onderzoeker een heel ongemakkelijk gevoel aan over te houden. De cultuurrelativistische houding van veel wetenschappers, waarbij het niet altijd kies is om culturen met elkaar te vergelijken, is daar vaak de oorzaak van. Verder hangt er behalve een ideologisch ongemak ook een geur van angst onder onderzoekers. Zij willen niet dat negatieve uitkomsten, die deels stereotiepe beelden over het gedrag van sommige etnische minderheden bevestigen, zouden kunnen leiden tot onbedoelde effecten, zoals versterking van de negatieve beeldvorming. Vooroordelen werken immers discriminatie en racisme in de hand. Met name extreemrechtse politici, die voortdurend de loftrompet blazen over de eigen blanke 'superieure' cultuur en de etnische minderheden in hun land liever kwijt dan rijk zijn, zouden daar misbruik van kunnen maken. Zij zouden in hun propaganda potentiële kiezers, die stemmen vanuit hun onderbuikgevoelens, kunnen aantrekken. Onderzoekers willen niet dat xenofobe politici, zoals de voorman Geert Wilders van PVV, hun onderzoeksgegevens naar culturele diversiteit in strafzaken inzetten voor hun politieke doeleinden.

Daarom was het tot voor kort nog een taboe om het relatief hoog aandeel van criminaliteit onder bijvoorbeeld Marokkaanse jongeren in het openbaar te publiceren. Gecorrigeerd naar sociaal-economische factoren is deze twee tot drie keer zo hoog dan bij autochtone Nederlanders. Wetenschappers die jarenlang onderzoek naar allochtone misdaad hebben gedaan geven tegenwoordig openlijk toe dat de relatie tussen etniciteit en misdaad een politiek zeer beladen onderwerp was. Feiten erover publiceren kan ook de onderzoekers zelf in een kwaad daglicht brengen. De bekende hoogleraar criminologie aan het Willem Pompe Instituut, Frans Bovenkerk, die veel onderzoek heeft gedaan naar allochtone misdaad, kwam veel weerstand en onbegrip voor zijn onderzoekswerkzaamheden tegen. Zo belandde hij naar eigen zeggen zelfs prominent in de rioolpers toen hij een samenwerkingsrelatie blootlegde tussen de Turkse overheid en de maffiapraktijken van de Grijze Wolven. In opdracht van de Turkse overheid moordde deze wolven politieke dissidenten in Europa uit in ruil voor hun handel in heroïne.

Sinds de politieke aardverschuiving van Pim Fortuyn in 2002 zijn zulke etnisch gekleurde onderwerpen uit de taboesfeer gehaald. Met enige regelmaat worden discussies gevoerd in de media die vooral de nadelen, spanningen en problemen belichten van leven in een multiculturele samenleving. Tegenwoordig wordt alles uit de kast gehaald om de niet-westerse Nederlanders telkens te moeten wijzen op de slechte integratie vanwege de invloed van hun culturele bagage. Zo is de discussie over de dubbele nationaliteit, die kortzichtige Nederlanders vernauwden tot een loyaliteitsvraagstuk, net achter de rug of een nieuwe vraag dringt zich op. Mag je je cultuur gebruiken in strafzaken om geweld te legitimeren? De vraag die daaraan ten grondslag ligt is: hoeveel ruimte moeten we bieden aan mensen met verschillende culturen om te handelen volgens hun eigen culturele waarden en normen? Deze vraag kwam in mijn op toen ik onlangs las dat een Duitse rechter een bizarre beslissing nam. Toen een Duitse van Marokkaanse afkomst bij de rechter klaagde dat haar Marokkaanse man haar sloeg en daarom wilde scheiden zei de rechter dat ze dat had kunnen weten. De verdachte beriep zich op de koran, zijn inspiratiebron en leidraad, en daarom tuchtigt hij zijn vrouw.

Deze absurde beslissing van de rechter heeft me tot denken gezet. Wat is de kans dat een Nederlandse rechter in zo'n situatie hetzelfde oordeel zou vellen? Door de naweeën van vijf jaar na de moord op Fortuyn betwijfel ik of dezelfde uitspraak als de Duitse rechter in het voorbeeld in Nederland denkbaar is. Voor het tijdperk van de populaire Fortuyn was de kans veel groter geweest. Er werd in Nederland meer rekening gehouden met gebruiken en gewoonten van niet-westerse Nederlanders. Vanuit het cultuurrelativisme werd er als volgt geredeneerd 'we kunnen niet oordelen over andere culturen, omdat we appels niet peren kunnen vergelijken.' Toch hielden veel Nederlandse rechters wel rekening met de culturele afkomst van de dader in het bepalen van de strafmaat. Dit politiekcorrect denken is door de revolte van Fortuyn in de politiek en media extra aan het wankelen gebracht. Hij vond dat alle allochtonen, met name afkomstig uit niet-westerse landen, zich moesten aanpassen aan de heersende waarden en normen in Nederland. Vooral als het gaat om de ononderhandelbare waarden, zoals de gelijkwaardigheid tussen man en vrouw en acceptatie van homoseksualiteit.

In dat opzicht lijkt er een paradox te ontstaan. Hoe diverser Nederland qua culturen wordt hoe luider de roep is vanuit de samenleving om iedereen hetzelfde te behandelen en dezelfde regels te laten volgen en op te leggen. Je kunt je afvragen of dit breed gedragen gelijke-monniken-gelijke kappen-idee, dat gelijkheid tussen mensen benadrukt, in de praktijk wel werkt. Zeker is dat het haaks staat op het diversiteitsdenken. Dat gaat juist uit van het principe dat je vanuit respect voor de ander wel rekening houdt met de verschillen. Daardoor kun je bij voorbeeld maatwerk leven. Daar hebben in toenemende mate veel organisaties en bedrijven behoefte aan. Zij willen graag nieuwe doelgroepen met een dubbele nationaliteit bereiken en beter ermee omgaan.

De dieperliggende achtergrond van mijn vraag 'hoeveel ruimte moeten we bieden aan mensen met verschillende culturen om te handelen volgens hun eigen culturele waarden en normen?' maakt in de publieke debatten heel wat tongen los. Tijdens een lunchbijeenkomst op 10 mei 2007 op Avans Hogeschool legde ik deze vraag voor aan een gezelschap van in totaal dertien wetenschappers en geïnteresseerden in de thematiek culturele diversiteit in strafzaken. Wat opviel was dat de opinies vooral ideologisch van elkaar verschilde. Grofweg waren er twee groepen te onderscheiden. De eerste groep vond dat die ruimte zo groot mogelijk moest zijn. Zij hanteerden als belangrijkste argument dat iedereen in vrijheid moet kunnen leven. Ook geloven ze niet dat het zin heeft of zoden aan de dijk zet om de nieuwe Nederlanders de les te lezen welke waarden en normen wij in ons dagelijks leven hanteren. De tweede groep was ervan overtuigd dat we onze dominante waarden en normen juist als uitgangspunt moeten nemen voor al ons handelen. De ruimte om daar van af te wijken moet in de openbare ruimte minimaal zijn. Wat deze discussie bewees was dat het praten over culturele diversiteit niet kan plaatsvinden zonder dat ieder daarop een eigen ideologische kijk opgeeft. Deze kijk zie je ook terug in de bestudering van bijna alle publicaties over culturele diversiteit in strafzaken. Dat maakt het lastig om alleen de feiten te bespreken. Iedereen heeft wel vanuit zijn ervaring of kennis een (politieke) mening over de cultuur van de ander.

Ook ter illustratie zullen groepsleiders die in een jeugddetentie werken verschillend reageren op de vraag hoeveel ruimte ze gunnen aan het 'afwijkend' gedrag van hun allochtone cliënten vanwege hun niet-westerse cultuur. Het begrip cultuur is overigens een containerbegrip. Tientallen definities zijn daarvoor bedacht, maar geen enkele dekt de hele betekenis van wat cultuur precies inhoudt. Van een stelsel waarden en normen tot rituelen en gewoonten dat een groep mensen bindt. Het is erg moeilijk om te bepalen wat wel en niet onder cultuur valt. Ik hanteer als werkdefinitie 'wat een groep kenmerkt in hun denken en doen, van mentaliteit en handelen.' Ik spreek hier over culturele diversiteit omdat ik me bezig wil houden met verschillen in culturele achtergronden.

Maar wat betekent diversiteit en wat valt er precies onder? Het concentreert zich behalve op verschillen ook op overeenkomsten tussen mensen. Wat mensen bindt of anders maakt in hun zelfbeeld en wereldbeeld staat vast. Een van de zeven kenmerken is etniciteit. De rest is leeftijd, sekse, fysieke (on)mogelijkheden, ras (lichaamsbouw, huidskleur), seksuele oriëntatie en klasse (uit waar voor nest je komt, niet hoe je opklimt). Deze kenmerken bepalen hoeveel we van de ander verschillen en overeenkomen en hoe onze kijk is op onszelf en de ander, kortom levensvisie. Wat ik mis is een achtste kenmerk; spiritualiteit (de mate waarin je denken en doen gedreven wordt door het geloof dat je alles kunt bereiken door hard werken of dat je je lot overlaat aan een hoger macht of toeval). Verderop meer over de invloed van het achtste kenmerk.

Studie naar culturele diversiteit in strafzaken is ondanks de toenemende belangstelling vanuit de wetenschap nog steeds een ondergeschoven kindje. Er is nog te weinig bekend hoe men in het Nederlandse strafrecht precies omgaat met culturele diversiteit. De onderzoeken die tot nu toe zijn verschenen beperken zich meestal tot de in het oog springende culturele verschijnselen, zoals eerwraak, bloedwraak, schaking en iets met geesten, zoals voodoopraktijken of winti. Allemaal zaken die in Nederland ook regelmatig de media halen. De schietpartij van eind 1999 in Veghel is zo'n voorbeeld. Toen pleegde de minderjarige Ali onder druk van zijn vader op school eerwraak tegen het vriendje van zijn zus. Het slachtoffer had een heimelijke verhouding met zijn zus en ging met haar op vakantie naar Turkije. Dat was genoeg om in actie te komen. Volgens sommige cultuurdeskundigen pleegde hij de criminele daad om de eer van de familie weer te redden. Ali's motivatie werd door zijn culturele achtergrond als het ware opgedrongen. Vanwege zijn cultuur kon hij niet anders handelen. Zijn gedrag was in dit geval cultuurbepaald.

Zulke on-Nederlandse taferelen worden als schokkend ervaren. Veel Nederlanders worden zo boos dat ze op het gevaar af hele groepen over één kam gaan scheren. 'Zo'n barbaarse daad van die Turken past niet in onze samenleving,' is een slogan die je na stevige media-aandacht steevast hoort in alle lagen van de bevolking. Daarmee worden de stereotiepe beelden geboren en (her)bevestigd. Eerwraak wordt *verturkst*, terwijl het ook voorkomt in veel andere culturen. Om te voorkomen dat deze stereotiepe beelden een eigen leven gaan leiden en alle Turken de dupe ervan worden is het nodig om op een systematische wijze informatie te vergaren over kenmerken van cultuurbepaalde zaken. Waaraan moet het voldoen om het etiket cultuurbepaald te krijgen? Daarnaast moeten we ons afvragen hoe deze zaken de rechtsgang beïnvloeden. In zowel negatieve als positieve zin. En dat is precies het probleem. Er is nog te weinig onderzoek gedaan welke zaken Nederlandse plegers van delicten met een niet-westerse achtergrond wel of niet onder het paraplu van cultuurbepaaldheid vallen en hoe ze in de praktijk uitpakken.

In recente literatuur komen onderzoekers meestal niet verder dan culturele zaken, die te maken hebben met gezichtsverlies van de man of familie door overspel, schaking, onkuis gedrag van de dochter, vroegtijdig verlies van maagdelijkheid en te verwesterd, flirterig, voorkomen van vrouwen in het openbaar. De schande die ze veroorzaken moet meestal met geweld gewroken worden. Het blijft niet altijd bij huiselijk geweld, dat gezien de zwarte populatie in blijf-van-mijn-lijfhuizen vooral onder allochtonen uit zeer lage milieus een geaccepteerd verschijnsel lijkt te zijn. Het gewelddadig ingrijpen om de eer te redden kan ook een fatale afloop hebben voor het slachtoffer. Heel soms worden in de literatuur ook wel eens rituelen of zwarte magie genoemd als manieren om individuen te manipuleren of slechte geesten uit te drijven die ook dodelijk kunnen eindigen.

Gevallen die veel dieper gaan dan alleen gezichtsverlies lijden en wreken door ondermeer het verkwanselen van de goede zeden van de vrouw of inzet toverpraktijken om de ander te dwingen iets te doen, zoals trouwen met de ander, of juist niets te doen, scheiden, komen nauwelijks aan bod. Zo zou ik wel willen weten in hoeverre verdachten van ernstige misdrijven met diverse culturele achtergronden, die hun daad motiveren door te wijzen naar hun diepste overtuigingen, terecht beroep doen op hun cultuur. Enerzijds wordt cultuur als een excuus gebruikt om daden goed te praten. Anderzijds is cultuur de oorzaak van een bepaald gedrag. Het maakt nog al wat uit of je opgroeit met het idee dat je altijd beschikt over je vrije wil of dat je lot in handen legt van een hogere autoriteit, zoals God of Allah. Het geloof in de vrije wil is een typisch westers perspectief dat ooit zo kernachtig door de Franse filosoof Jean-Paul Sartre in één zin is samengevat: je kunt niet niet vrij zijn. De andere visie, het lot heb je niet in eigen hand, is dominant in vooral niet-westerse culturen. In Nederland kan een verdachte bij wie vast komt te staan dat zijn of haar keuzevrijheid op het moment van het delict beperkt was, met een pleidooi voor psychische overmacht of ontoerekenbaarheid, in aanmerking komen voor strafvermindering.

Het gebrek aan inzichten in hoe de culturele psyche doorwerkt in daden die men pleegt zorgt er onbedoeld voor dat er in het Nederlandse rechtsysteem een rechtsongelijkheid ontstaat in het verschillend straffen van verdachten met diverse culturele achtergronden. Volgens onderzoekers Klooster, Van Hoek & Van 't Hoff (1999) zijn allochtone jongens van mening dat zij in het Nederlandse systeem van jeugdrecht harder worden aangepakt dan autochtone jongeren. Later is deze mening in het rapport van Mieke Komen in 2005 met cijfers onderbouwd. Uit haar onderzoek is gebleken dat allochtonen voor hetzelfde delict inderdaad gemiddeld 53 dagen langer in detentie zitten dan autochtonen. Volgens haar is dat verklaren doordat psychologen en psychiaters negatiever oordelen over allochtonen. Dit fenomeen van 'een nieuwe vorm van klassenjustitie', aldus criminologe Komen, is op het eerste oog zeker te beschouwen als onrechtvaardig voor de benadeelden. Om de oorzaken hiervan te achterhalen is onderzoek naar effecten van de culturele psyche noodzakelijk.

Om de culturele psyche te doorgronden zijn studies naar ondermeer opvattingen, overtuigingen, kortom waarden en normen, van de ander en werving van Nederlandse juristen met een niet-westerse achtergrond van belang. Het klimaat voor dit soort onderzoeken en gerichte werving onder allochtonen is in de wereld van de rechtspraak op dit moment niet optimaal. Het is triest om vast te stellen dat instituties, zoals de rechtbanken, waar dagelijks over goed en kwaad gewikt en gewogen en recht wordt gesproken, nog steeds spierwit zijn. Ook Nederlandse rechters en advocaten zijn gewone mensen die zich laten leiden door hun arsenaal van eigen waarden en normen die ze van thuis uit mee krijgen. En als deze waarden vooral wit zijn ingekleurd zullen ze later sneller geneigd zijn om alle andere waarden zwart in te zien. Dat ze de waarden van de ander negatief beoordelen is niet altijd hun schuld.

Een voorbeeld ter illustratie. Marokkaanse en Turkse verdachten blijken uit sommige onderzoeken naar ervaringen en bevindingen van advocaten en politie aantoonbaar vaker te liegen (zie Junger, 1990, Komter, 1997, Van Rossum, 1998). Zij ontkennen niet alleen de gepleegde daad maar tonen ook minder vaak spijt dan autochtone Nederlandse verdachten. Dit kan enorme gevolgen hebben voor de strafmaat. In de praktijk raken rechters vaker geïrriteerd over dit gedrag van het ontkennen van de daad. Als zij vinden dat berouw onder allochtone verdachten voor hun delicten –ondanks alle bewijzen op tafel- geheel ontbreekt legt de rechter in dat geval een zwaarder straf op. Dat is bekeken vanuit de gekleurde bril van de rechter volkomen terecht. De vraag of deze zienswijze de Marokkaanse verdachte recht doet doemt wel op. Vooral Marokkanen die opgroeien in een cultuur waar schaamte nog heerst hebben daar last van. Leven in schaamte leidt vaak tot zwijgen van je gepleegde daden. Het bekennen van je eigen foute daden betekent dat je door je eigen groep, die de mentaliteit van 'eens een dief, altijd een dief' hanteert, voor altijd aan de schandpaal wordt genageld en uitgekotst. Deze zwart-witmentaliteit staat haaks op de kansen die je in Nederland als jonge ex-delinquent krijgt om je leven weer te beteren.

Als je daarnaast thuis ook niet opgevoed wordt om met je ouders te praten over zaken die je bezighouden of wilt opbiechten zul je later ook meer moeite hebben om openhartig te zijn. Dat is cultuurbepaald. Als de rechter dan met gesloten vragen, 'Hebt u berouw van uw daad?', een eerlijk antwoord probeert te krijgen is de kans op zwijgen, er om heen praten of ontkennen erg groot. Dat dit de rechter irriteert is een normale reactie. Niemand is tenslotte helemaal objectief in de bejegening van de ander. Ook rechters die met de beste bedoelingen hun uiterste best doen niet. Net als ieder ander houden ze zich aan de wetten, regels en afspraken die in dit land dienen als een leidraad voor wat wel en niet kan. Respectvol liegen is hier geen teken van respect, terwijl deze houding door veel niet-westerlingen wel als een teken van eer betonen wordt opgevat. Altijd de naakte waarheid moeten vertellen kan juist irritaties opwekken. Hier zien we dus dat dezelfde waarde 'respect' heel verschillend geïnterpreteerd wordt. Dat verklaart waarom witte rechters en advocaten erg veel moeite hebben om hun gekleurde cliënten te begrijpen.

De moraal van een land ligt in notendop besloten in de grondwet. Daarin zijn de fundamentele regels voor staatsinrichting en grondrechten van elke burger gewaarborgd. Voor de wet is iedereen gelijk. Niemand mag daarom discrimineren op een niet relevant kenmerk. Dat is een heel mooi uitgangspunt. Maar in een veranderend Nederland is de vraag welk kenmerk niet relevant is van groot belang. Een Nederlander met een niet-westerse achtergrond, die hier opgroeit en de grondwet op school wel eens doorgebladerd heeft of wat flarden via de media of politiek heeft opgevangen, zal uiteindelijk in zijn daden zich laten leiden door zijn waarden en normen die hij vanaf de kindertijd van zijn familie met de paplepel ingegoten krijgt. Hij is niet volledig op de hoogte van de Nederlandse waarden en normen. Als je mentaliteit in de omgang met de ander is beïnvloed door 'spreken is zilver en zwijgen is goud' of 'je mond is je vijand' dan zul je je twee keer bedenken voordat je iets eerlijk bekent. Maar de schade die ontstaat door misinterpretatie van de ideeën en gedrag van de ander, waardoor verdachten of cliënten benadeeld worden kan wel tot een minimum beperkt worden. Dan is het wel zaak om in alle openhartigheid te praten in waar we van elkaar verschillen, met argumenten te zeggen wat we vinden en het politiekcorrect gedrag definitief achterwege te laten.

Van advocaten hoor je tegenwoordig vaak dat ze geen onderscheid maken tussen cliënten met verschillende culturele achtergronden. Als er iets in de strafzaak cultuurbepaald is zijn ze uiterst voorzichtig om het in de verdediging op te nemen, tenzij ze ervan van te voren overtuigd zijn dat het hun cliënt kan helpen vrij te pleiten of voor strafvermindering zorgt. In de praktijk straffen rechters verdachten die hun cultuur als motivatie gebruiken nu zwaarder vanwege een generaalpreventieve werking ervan.

Voor de schietpartij door Ali vanwege eerwraak in 1999 plaatsvond gold de culturele context nog als een verzachtende omstandigheid. Toch gebruiken sommige advocaten nu af en toe de primitieve afkomst van hun cliënten in hun verdediging. Culturele empathie is wat de rechter volgens hen moet inzetten om de verdachte met een niet-westerse achtergrond niet alleen te doorgronden maar ook niet te benadelen. Dat is erg lastig omdat rechters bang zijn om met twee maten te gaan meten. Ook rechters willen kennelijk net als de advocaten in de rechtbank liever geen onderscheid maken tussen verdachten met verschillende culturele achtergronden. Dat is natuurlijk een nobel streven, maar geen enkele rechter of advocaat ontkomt eraan om met zijn of haar gekleurde bril te kijken naar de ander. Zij vormen, net als de gewone man op straat, door hun ervaringen met leden van een bepaalde culturele groep, stereotiepe beelden.

Met die stereotiepe beelden, die maar voor een gedeelte waar zijn, bejegenen ze de ander. Als een rechter bij voorbeeld milder zou oordelen in een moordzaak waarbij een betrokken traditionele onderdanige Afghaanse vrouw niets doet terwijl ze getuige is van de moord op haar dochter door eigen echtgenoot houdt hij onbedoeld apartheid in het strafrecht in stand. Straft de rechter daarentegen haar net zo zwaar als de dader zelf vanwege haar medeplichtigheid dan houdt hij absoluut geen rekening met haar aangeleerde cultuurbepaalde zeer passieve houding. Zij is van jongs af aan geleerd om later haar man te gehoorzamen en angstig voor haar man te zijn.

In het eerste geval accepteert de rechter het opgroeien in een achterlijke cultuur als een verzachtende persoonlijke omstandigheid en neemt hij dat me in zijn oordeel. In het tweede geval gebruikt de rechter een verschijnsel afkomstig uit een primitieve cultuur, zoals eerwraak, om nog zwaarder te straffen. Voordat we ons de vraag kunnen stellen hoeveel ruimte we de ander kunnen gunnen vanwege zijn of haar andere culture achtergrond moeten we ons eerst afvragen welke van de twee opties in dit voorbeeld rechtvaardiger uitwerkt. Om dit te kunnen beantwoorden is het nodig dat we weten aan de hand van welke stereotiepe beelden we de ander bejegenen. Het gevaar is wel dat als je bij voorbeeld advocaten of groepsleiders in de jeugddetentie zou vragen hoe ze zich opstellen tegenover hun allochtone cliënten je vaak sociaal wenselijke antwoorden krijgt. Met dit gedrag, dat we ook als respectvol liegen kunnen duiden, schieten we dus helemaal niets op. Er moet daarom een openhartig debat komen over hoeveel ruimte culturele diversiteit binnen de wereld van het recht in Nederland moet krijgen. Daarbij moeten voor het creëren van een zo groot mogelijk draagvlak behalve juristen en deskundigen op het gebied van bij voorbeeld communicatie, cultuur en ethiek ook gewone leken erbij betrokken worden. Dat is de manier om de onderbuikgevoelens in de samenleving via uitwisseling van argumenten, feiten en ervaringen de kop in te drukken en zo het bespreken van culturele dilemma's eindelijk naar een volwassen niveau te tillen.

Bijlage 7
De leugen regeert over de kleur van Obama

Trouw, 8 november 2008
Door: Youssef Azghari

De media hebben Obama tot eerste zwarte president van de Verenigde Staten gebombardeerd. Dit is een leugen die apartheid in stand houdt.

Hoewel ik nog steeds heel erg blij ben dat Barack Obama vanaf begin volgend jaar de nieuwe Amerikaanse president van het machtigste land ter wereld is, heb ik me ontzettend geërgerd over de eenzijdige berichtgeving over zijn historische overwinning. Met veel tromgeroffel is hij door zowat alle media gebombardeerd tot de allereerste zwarte president van de Verenigde Staten van Amerika. Door hem zo te noemen leggen de internationale media, van de Amerikaanse zender CNN tot de Arabische zender Al-Jazeera, de nadruk op zijn Afrikaanse roots.

Bijna iedereen kakelt het nu op straat na: 'Obama is de eerste zwarte president van Amerika'. Het benadrukken van zijn zwarte ras, hoe goed misschien de emancipatorische intenties die hierachter schuilgaan, is één grote leugen. Zo werken de media mee aan geschiedvervalsing. Over vijftig jaar herinnert iedereen Obama als de eerste zwarte president, terwijl deze eenzijdige zwarte stempel op hem gewoon niet helemaal klopt met de feiten.
Had Obama zich tijdens zijn campagne als de nieuwe zwarte president geprofileerd, zoals Jesse Jackson dat zonder succes in het verleden deed, dan had hij de presidentsverkiezingen niet gewonnen. Dat komt niet omdat de meeste Amerikanen racistisch zijn ingesteld, zoals zo vaak in de Nederlandse media is gesuggereerd, maar omdat een toekomstige president verschillende groepen mensen moet aanspreken.

Lang voordat de presidentsverkiezingen plaatsvonden heeft Obama zich sterk gemaakt voor diversiteit in de Amerikaanse samenleving. Hij riep in zijn toespraken regelmatig op om raciale verschillen te overwinnen, niet te discrimineren op leeftijd en predikte gelijkheid tussen mannen en vrouwen, homo's en hetero's en respect voor mensen met een functiebeperking. Op deze manier bracht hij de Amerikaanse onafhankelijkheidsverklaring, die ervan uitgaat dat alle mensen gelijk geschapen zijn, weer tot leven.

Het is deze boodschap die hem uiteindelijk de presidentsverkiezingen heeft doen winnen en niet zijn kleur. Obama is opgegroeid in diverse culturele achtergronden. Dat vormt het geheim van zijn succes. Hij is een mix van twee rassen, blank en zwart, kind van een blanke Amerikaanse moeder en een Afrikaanse vader uit Kenia. Hierdoor kunnen zowel zwarten als blanken zich heel goed met hem identificeren.
Dat verklaart zijn enorme populariteit, niet alleen binnen Amerika maar ook ver daarbuiten. Zo was Obama vanaf het begin de favoriet onder veel moslims, omdat zijn blik op de wereld en de islam zo veel ruimer is dan bij alle andere presidentskandidaten. Ongetwijfeld heeft het feit dat hij zijn jeugdjaren heeft doorgebracht in het grootste moslimland ter wereld, Indonesië, hieraan flink bijgedragen.
Bovendien is de democraat Obama voorstander van een gelijkwaardige dialoog met leden van andere culturen. Dit vormt een definitieve breuk met de Amerikaanse spierballenpolitiek, gebaseerd op de simplistische slogan 'wie niet voor mij is is tegen mij' van de vertrekkende president Bush. Deze nieuwe aanpak van Obama spreekt veel Amerikanen, van wie de meesten de wortels buiten Amerika hebben, erg aan. Zij willen een president in het Witte Huis die niet alleen in zwart-wit beelden denkt.

Veel media denken nog wel in zwart of wit. Zij stellen Obama telkens voor als de eerste zwarte president van de Verenigde Staten. De meeste Amerikanen, die op hem hebben gestemd, weten dat hij een dubbelbloed is. Hij is niet zwart of blank, maar heeft beide verenigd in zijn identiteit en persoonlijkheid. Daardoor is hij veelzijdig en niet in één hokje te plaatsen.
Dat de media toch proberen zijn huidskleur tot een issue te maken, vind ik getuigen van zeer eenzijdige beeldvorming. Zo gaf de media ondermeer overdreven aandacht aan de vrolijke hysterie die in Kenia is ontstaan nadat hun 'zoon' Obama de presidentsverkiezingen in

Amerika won en werd zijn blanke familie in Amerika niet aan het woord gelaten. Ik noem dit apartheid.

De media die alleen de donkerbruine huidskleur van Obama blijven opblazen maken zichzelf belachelijk. Ze laten zien dat zij de boodschap van Obama van positieve aandacht voor diversiteit, die hem uiteindelijk president heeft gemaakt, niet hebben begrepen en houden helaas zo de apartheid in stand.

Bijlage 8
Jezelf superieur voelen leidt altijd tot rampen

Trouw, 23 oktober 2007
Door: Youssef Azghari

Vanaf eind deze week staat Nederland een maand lang in het teken van spiritualiteit. Dit initiatief, van ondermeer deze krant, start twee weken na afloop van de bezinningsmaand ramadan.

Ik gebruik deze periode om dat waar ik in geloof, een oerkracht die ik God noem, kritisch tegen het licht houden. Daags na het suikerfeest debatteerde ik met kunstenaars en wetenschappers, onder wie een filosoof, bioloog, dichter en een fysicus, over 'God of Darwin'. Ik was de enige die wel openstond voor de evolutieleer, maar koos toch voor God.

Het overwegend autochtone publiek was massaal voor Darwin. Zij schaarden zich achter zijn hypothese dat alle organismen zijn ontsproten uit één oervorm en dat levende wezens die zich aanpassen aan de natuur, de beste overlevingskansen hebben. Zowel apen als mensen kennen een gemeenschappelijke voorouder, aldus Darwin.
Ik vroeg me af hoe de stemverhouding tussen Darwin en God zou zijn als het publiek uit moslims bestond. Ongetwijfeld wijst dan de meerderheid Darwin af. Ook in dat geval stond ik alleen in mijn opvatting. Kiezen voor God betekent niet dat ik de inzichten van Darwin afkeur. Er zijn genoeg aanwijzingen in de Koran die de evolutieleer op een overtuigende manier voeden.

Twee citaten als illustratie. In het eerste citaat zegt God tegen de onwetende mens: 'Weest weggejaagde apen' (2:65) en in het tweede staat 'Hij schiep u in verschillende stadia' (71:14). Vooral dit laatste vers geeft stof tot nadenken. Het Arabische woord voor stadia, atwar, is uit dezelfde stam opgebouwd als tatawwur dat evolutie betekent. Ondanks deze verzen moeten de meeste van mijn geloofsgenoten, net als traditionele christenen, niets van Darwin hebben. Zelfs hoogopgeleiden hebben een afkeer van de evolutieleer, die zij een 'broodje aapverhaal' vinden. Een groeiend aantal moslimstudenten dat geneeskunde of biologie studeert, heeft er moeite mee. Zij voelen zich gesteund door conservatieve moslimgeleerden die Darwins leer als bedrog bestempelen. Die studenten zijn bang niet meer te geloven als zij de evolutieleer accepteren. Dat is onzin, want geloven in Allah hoeft niet te conflicteren met wat Darwin predikt.

Echter, als ik fanatieke Darwinisten vraag waarom zij niet geloven, wijzen ze naar de wreedheid binnen het dierenrijk. Zij gebruiken als argument dat als God bestaat Hij in een eerder stadium zou hebben ingegrepen om ons leed te besparen. Mijn reactie is dan dat wanneer dat gebeurt zij zeker weer gaan klagen dat de mens niet beschikt over een vrije wil.

Als ik fanatieke gelovigen vraag waarom zij Darwin verafschuwen beweren zij dat zijn leer slechts heeft geleid tot racistische ideologieën. Zo wijzen ze naar de Amerikaanse sociaal Darwinist James Watson die afgelopen week opmerkte dat Afrikanen genetisch inferieur zijn. Tegen hen zeg ik dat in naam van God ook mensen zijn uitgemoord. Zo bezien misbruiken fanaten Darwin of God om zichzelf superieur te wanen.

Ook de duivel vond volgens de koran (2:34) de mens een minderwaardig schepsel, omdat het slechts van klei was gemaakt. Daarom wilde de satan niet buigen voor Adam. God vond hem hoogmoedig en stuurde hem weg uit het paradijs. Wel liet Allah hem toe mensen te verleiden om het pad van de duivel te volgen. Dit verhaal mag absurd klinken in de oren van darwinisten, toch bevat het een universele boodschap.

Je superieur voelen over de ander leidt altijd tot rampen. Of je zo'n moraal vanuit het geloof in God of Darwin praktiseert doet er niet toe. Het komt erop neer dat niemand kan bewijzen dat Allah wel of niet bestaat. De kans dat ik iets van God in de natuur tegenkom is groter dan in een kerk of moskee. Ik begrijp wel dat Darwin op zondag liever uit wandelen ging dan naar de kerk.

Bijlage 9
Jonge moslims op zoek naar 'change'

Trouw, 23 januari 2007
Door: Youssef Azghari

In Doha spraken een groep van driehonderd jonge moslims uit 75 landen over de toekomst. Ze vinden dat moslims meer initiatief moeten tonen en niet steeds de schuld buiten zichzelf moeten zoeken.

Na een reis van ruim twaalf uur land ik vrijdag 16 januari in Doha, de hoofdstad van Katar, om deel te nemen aan de tweedaagse wereldconferentie van 'Moslimleiders van de toekomst', een groep van driehonderd jonge moslimleiders uit 75 landen. Ik ben één van hen. Ons doel is een open brief te schrijven aan de wereldleiders. Maar eerst staat ons nog een weekend te wachten vol paneldiscussies, verdiepingssessies en workshops.

In Doha is de Amerikaanse droom realiteit geworden. Uit dit onbeduidend plaatsje in de woestijn is een replica van New York verrezen. Ik sprak een Marokkaanse gastarbeider. 'Het leven is hier een walhalla voor mensen met geld", zei hij. Verschil tussen rijk en arm zie je overal, maar in veel moslimlanden is de kloof pas echt enorm. Gastarbeiders die auto's van superrijken voor een hongerloontje staan te poetsen. Als moslimleiders niet snel kennis en welvaart eerlijk delen zal de islamitische wereld nog verder achter raken. Achterstand voedt weer onwetendheid en radicalisme.

De conferentie van jonge moslimleiders is een initiatief van imam Feisal en zijn vrouw Daisy Khan, die vandaag het programma openen. Feisal vertelt het verhaal over engelen die in verzet kwamen tegen God toen Hij met zijn adem leven inblies in de eerste mens. Zij wisten immers dat de mens een ondankbaar schepsel is. Gods reactie? "Ik weet wat jullie niet weten'. Het betekent dat vernieuwing altijd gepaard gaat met weerstand.

De bijeenkomst vond plaats aan de vooravond van de inauguratie van Obama. Nieuwe hoop is ook ons doel. Moslims hebben door extremisten een slechte naam gekregen en hebben hun trots verloren. Het vertrouwen in de moslimleiders is op een dieptepunt. Om het tij te keren moeten we zorgen dat moslims niet bang zijn om vrij te denken. Daarna volgt vanzelf echte democratie, vrijheid van meningsuiting en scheiding van politiek en religie. De belangrijkste conclusie van de eerste paneldiscussie is dat wij, moslims, niet steeds de schuld van onze misère buiten onszelf moeten zoeken. Voor de meeste participanten is 'rechtvaardigheid' de oplossing om uit de impasse te komen. Er is vandaag ook een stevige paneldiscussie over de stelling of westerse waarden conflicteren met islamitische waarden. 'Ja!', zegt bijna twee op de drie.

Deze uitslag irriteert mij. Ik sta op om te vertellen waarom er géén conflict van waarden is. Het bestaan van cultuurverschillen betekent niet dat westerse waarden en islamitische waarden fundamenteel van elkaar verschillen. Geen enkele beschaving heeft het monopolie op universele waarden zoals vrijheid. Wel bestaat in de moslimwereld een overdreven respect voor autoriteit. Daarom lopen moslims achter. Er is geen kritisch denken.

Omdat de conferentie vanaf het begin overschaduwd wordt door de oorlog in Gaza wordt er een extra paneldiscussie ingelast. De deelnemers trekken samen de conclusie dat deze oorlog geen religieus conflict is tussen joden en moslims, zoals radicale predikers ons willen doen geloven, maar een politiek conflict. De vraag of gewelddadig extremisme onze verantwoordelijkheid is, roept heftige reacties op. Het merendeel van de deelnemers *voelt* zich wel medeverantwoordelijk. Op de vraag wie het probleem van het extremisme als eerste moet aanpakken, legt de helft van de jonge moslimleiders de oplossing bij moslimorganisaties en moslimleiders. Zelf vind ik het een taak van de familie om aan de bel te trekken als een familielid extremistisch gedrag vertoont.

Na het debat volgt een lezing over hoe moslims in het Westen worden geportretteerd en hoe westerlingen in het Oosten worden afgebeeld. De stereotiepe beelden domineren. Hierna volg ik een workshop over hoe je, net als Obama, een boodschap van verandering – Change – voor het voetlicht kunt brengen. Jezelf verdedigen met de uitspraak dat je als moslim beslist geen terrorist bent schijnt averechts te werken. Tot slot wordt de open brief aan de wereldleiders gepresenteerd. In de brief staat hoe deze jonge moslimleiders uit 75 landen het gezicht van de wereld positief kunnen veranderen. Alle deelnemers zetten hun handtekening. De mededeling dat de brief op de dag van de inauguratie van Obama in *The Washington Post* staat, wordt met luid applaus begroet. De conferentie was ontzettend inspirerend, maar debatteren is niet het sterkste punt van moslims. Onder elkaar blijft men heel beleefd. Veel meer scherpte in debatten tussen moslims, met inbegrip van de taboes, en pas daarna een eerlijke dialoog voeren is waar ik jaren voor pleit. Met deze gedachte neem ik dezelfde nacht nog afscheid van Doha.

Bijlage 10
Weigeren hand is onvolwassen

Trouw, 20 augustus 2008
Door: Youssef Azghari

Het handincident is te onbenullig voor woorden. Geen handen schudden heeft niets met de Koran te maken.

Het is zeer verhelderend om te constateren dat sollicitanten die uit geloofsprincipe geen hand geven sinds kort weten wat hun kansen zijn op de Nederlandse arbeidsmarkt. Als ze bij een sollicitatiegesprek een vrouw die haar hand uitsteekt ter begroeting weigeren dan kunnen ze fluiten naar hun nieuwe baan. Dit blijkt uit het vonnis dat de rechtbank in Rotterdam afgelopen week uitsprak inzake Mohammed Enait, een ultraorthodoxe moslim.
Deze handweigeraar zag in het najaar van 2005 een baan als klantmanager bij de sociale dienst van de gemeente Rotterdam in rook opgaan. Als door een wesp gestoken deed Mohammed Enait beklag van discriminatie. Gekleed in een lang gewaad met een lange baard stapte hij naar de Commissie Gelijke Behandeling. Van deze commissie kreeg hij gelijk, maar dan moest hij vrouwen en mannen gelijk behandelen.

Hij gehoorzaamde onmiddellijk aan dit nieuwe gebod om niet zelf van discriminatie beticht te worden. Voortaan accepteerde Mohammed Enait ook van mannen geen hand. Zijn nieuwe omgangsnorm wekt niet alleen hoon bij de liberale moslims maar ook bij militante moslimfanatici. Zelfs Osama Bin Laden, die elk oogcontact met vrouwen vermijdt, zal om dit gedrag zijn lach niet kunnen onderdrukken.
Geen enkele moslim kan Mohammed Enait nog serieus nemen. Los van de opportunistische redenen die hij heeft gehad om ook mannen geen hand te geven, kan hij nooit meer voldoen aan zijn dagelijkse religieuze verplichting. Hij is namelijk niet meer in staat de belangrijkste moslimgroet assalamu alaikum, vrede zij met jullie, waar de islam van afgeleid is, te bekrachtigen met een handdruk.

Toen hij merkte dat de gemeente Rotterdam niet van plan was om haar zienswijze te herzien sleepte hij ze voor het gerecht. Nu, bijna drie jaar na het handincident, krijgt hij van de rechtbank in Rotterdam te horen dat hij niet onrechtmatig is behandeld. Van discriminatie is dus geen sprake. Met deze uitspraak ben ik het van harte eens.
Als Mohammed Enait ervoor kiest om de ander geen hand te geven, dan moet hij daar ook de gevolgen van kunnen dragen. Als hij zo nodig koste wat kost aan zijn heilige principe wil vasthouden, moet hij zijn verlies manmoedig nemen. Nu speelt hij wel erg makkelijk het slachtoffer. Of Mohammed Enait aan tafel zit bij het actualiteitenprogramma Nova of bij Knevel & Van den Brink, telkens speelt hij de rol van een gebeten hond. Hij laat niet na om zijn tegenstanders af te blaffen in opgezwollen taal en ze te scharen bij aanhangers van Wilders.
Dat Mohammed Enait zijn redenen heeft om vrouwen geen hand te geven, moet hij helemaal zelf weten. We leven in een vrij land. In persoonlijk contact moet ieder voor zichzelf uitmaken hoe hij of zij de ander wenst te begroeten. Niemand wordt hier gedwongen de ander de hand te schudden.
Handen schudden ter begroeting is geen universele norm. Er zijn meer manieren waarop men elkaar kan begroeten: met de handpalm over het hart strijken, een knikje geven met het hoofd, glimlachen of met beide handen op elkaar een lichte buiging maken, enzovoorts.

Waar het om gaat is dat je de ander respecteert en welkom heet. Tegelijkertijd moeten de handweigeraars niet raar opkijken als hun gedrag hier niet overal gewaardeerd wordt. In Nederland is handen schudden een uniforme omgangsvorm. Het staat in de meeste culturen voor het tonen van beleefdheid, gastvrijheid, hartelijkheid, vriendelijkheid, respect of acceptatie.
Van huis uit heb ik geleerd dat je de ander, ongeacht het geslacht, een hand schudt bij de allereerste kennismaking. Toch ken ik enkele moslima's, zelfs binnen mijn familie in Nederland, die aan mij geen hand willen geven omdat ik een man ben.
Vrouwen en mannen doen dat meestal om verschillende redenen. Zo willen vrouwen vooral hun kuisheid beschermen. En mannen willen het risico uitbannen dat ze voor het bidden 'onrein' worden als ze een vrouw, die haar periodiek heeft, aanraken.
Als het gaat om vrouwen die onder druk van de taliban in achtergebleven gebieden leven, kan ik hun gedrag naar mannen toe nog

enigszins plaatsen. Daar raken deze wilde mannen, die hun echtgenotes met boerka's dichtmetselen, al opgewonden bij het zien van een vrouwenhand. Maar mannen en vrouwen die hier ook handen weigeren, vertonen in mijn ogen onvolwassen gedrag.
Geen hand geven is zeker geen islamitische fatsoensnorm. Het komt ook voor bij veel strenggelovige niet-moslims en is lang voordat de islam ontstond in gebruik. Daarom staat het ook nergens in de Koran vermeld.

Moslims die geen hand geven aan vrouwen volgen niet het voorbeeld van profeet Mohammed, maar het voorbeeld van orthodoxe joden. Ook zij accepteren geen hand van een vrouw. Zolang de handweigeraars van welke religie dan ook hun eigen broek kunnen ophouden en zonder overheidsgeld zichzelf kunnen bedruipen, is het zinloos om zoiets onbenulligs uit te vergroten.
Dat was het geval met oud-minister Rita Verdonk bij haar eerste kennismaking met vijftig imams op 20 november 2004. Op die dag zag ik haar op de televisie in discussie gaan met de enige imam die haar uitgestoken hand niet accepteerde. Rita Verdonk was uit op zinloze polarisatie. Zij wist namelijk dat ze geen dialoog kon voeren met een imam die net zo koppig is als zijzelf. Mijn tenen gingen ook krom staan toen imam Salam zijn gedrag verantwoordde door te zeggen dat het van de islam niet mag.
Hetzelfde argument gebruikt nu Mohammed Enait. Hij sleept de islam met de haren erbij om zijn gelijk te halen. Daar gaan mijn haren van overeind staan. Hij heeft zijn kansen op een baan bij de gemeente Rotterdam zelf verprutst. Door zich niet te verbinden aan een minimum kader van gedeelde waarden en normen in het publieke domein, zoals het handen schudden bij een eerste kennismaking, heeft hij zich buitenspel gezet.
Hij moet nu ophouden slachtoffer te spelen en van de islam een karikatuur te maken. Het is hoog tijd dat hij zijn hand in eigen boezem steekt.

Bijlage 11
Onderwijs nog te weinig oog voor cultuurverschillen

SBM, juni 2007
Door: Youssef Azghari

Ik was negen jaar toen ik aan mijn moeder vroeg of ik als moslim de kerst op school kon vieren. Dat is inmiddels bijna dertig jaar geleden. Net voor de kerstdagen in 1980 om precies te zijn. Ik zat op de vierde klas van een katholieke school. Op de St. Jozefschool in Tilburg vierden alle leerlingen samen met hun juffen en meesters het kerstfeest elk jaar zeer uitbundig. Mijn moeder zei dat het niet nodig was, omdat dit feest alleen voor christenen is bestemd. Ik volgde haar advies op. Bewapend met het antwoord dat mijn moeder me gaf liep ik de volgende dag fluitend naar school. Ik had nu een reden om niet mee te zingen. Ik was anders dan de rest van mijn klas. Vanwege mijn moslimachtergrond hoefde ik dus niet mee te doen. Toen de meester merkte dat ik niet meezong smeet hij met zijn schrift met kersliederen erin tegen mijn hoofd. Ik schrok ervan en kon geen woord uit mijn mond krijgen. Zijn klap heeft een diepe indruk op mij gemaakt. Nog steeds word ik boos als ik terug denk aan dit moment. Hij heeft ervoor gezorgd dat ik telkens als ik kerstliederen hoor aan de tik van de meester dacht. Dat is jammer want daardoor heb ik kerstmis heel lang geassocieerd met een feest dat niet van harte ging maar met harde hand van boven werd opgelegd.

Inmiddels heb ik weer lang geleden vrede gesloten met het kerstfeest. Ik heb het een plaats gegeven binnen mijn islamitische identiteit. Ik vier het elk jaar met mijn familie. Ik ben namelijk van mening dat een oprechte belangstelling en grenzeloze nieuwsgierigheid voor andere culturen positief is om een eigen sterke identiteit te ontwikkelen. Met andere woorden: alleen door in contact te treden met iemand die anders dan jij kom je erachter wie je bent. Daarvoor is wel vereist dat je moeite moet doen om de ander te begrijpen. Meedoen met het kersfeest is een manier waarop je dat kunt bereiken. Dat had veel sneller gekund als ik op school begeleiding had gehad van een juf of meester die meer licht bracht op voor mij zeer belangrijke vragen. Niet per se het ultieme antwoord geven is het doel maar betekenis geven aan vragen die kinderen bezighouden. Ook kinderen hebben behoefte om hun levensvragen een plekje te geven in hun dagelijks leven.

Ieder kind maakt wel eens een moment mee dat heel zijn leven bijblijft. Mijn moment heb ik zojuist boven beschreven. Kinderen die opgroeien in tenminste twee culturen maken het bijna iedere dag mee. Nadenken over dilemma's, zoals het wel of niet meevieren van een religieus feest waarmee je niet bent opgegroeid, heeft invloed op het ontwikkelen van je nieuwe identiteit. In het Nederlands onderwijs van vandaag is nog te weinig oog voor vragen die kinderen met en niet-westerse achtergrond en later als leerlingen en studenten hebben over hun nieuwe culturele bagage. Er is onder hen een zeer grote honger en dorst naar hoe je je twee culturen zonder problemen kunt laten versmelten. De kans dat deze kinderen die opgroeien in een etnische minderheidsmilieu in psychische knel of depressie komen is levensgroot. De redenen daarvoor liggen vaak voor de hand. Het zijn echter niet altijd alleen de sociaal-economische factoren die de toekomst en het lot van een kind mee bepalen, maar ook hun culturele achtergrond.

Neem nou bepaalde waarden en normen onder etnische minderheden die sterk afwijken van die van de dominante cultuur in Nederland. Zo leert een Nederlands kind al heel vroeg om de waarde 'eerlijkheid' boven 'respect' voor ouderen te plaatsten. Daarom is de communicatie vanuit Marokkaanse ogen bekeken erg openhartig binnen de Nederlandse families en mag een kind zijn vader aanroepen met 'Kees' of 'Jan'. Bij een Marokkaans kind is dat precies omgekeerd, ook al betekent het dat je 'respectvol' moet liegen. Je vader bij zijn voornaam 'Ahmed' of 'Mustafa' noemen getuigt van een slechte opvoeding. Zo op het oog zouden we kunnen concluderen dat hoe meer we afweten van elkaars waarden en normen hoe beter we elkaar begrijpen en *dus* beter met elkaar kunnen omgaan. Dat is maar voor de helft waar, want niets is zo abstract geformuleerd als grondwaarden die een culturele gemeenschap bindt. Vanuit een universeel oogpunt bekeken delen volgens mij alle mensen, ongeacht hun culturele achtergrond, dezelfde waarden. Het feit dat een Nederlands kind al vroeg leert dat het beter is om eerlijk te zijn tegen je pa en ma dan te jokken om je ouders niet in verlegenheid te brengen betekent niet dat hier geen sprake is van 'respect'. Het is echter wel een heel andere invulling van respect dan wat Marokkanen er onder verstaan.

Dit geldt ook voor de waarde 'gastvrijheid'. Heel lang geloofde ik net als andere Marokkanen hier dat Nederlanders geen gastvrijheid kennen vanwege hun zuinige en zelfs gierige inslag. Dat baseerde ik op mijn slechte ervaringen. Toen ik als kind van twaalf jaar een keer bij een Nederlands vriendje, 'Philip' geheten, tot heel laat bleef spelen verbaasde ik me erover dat ik niet kon aanschuiven aan tafel toen het etenstijd was. Zijn moeder liet me de deur uit zodat ik naar huis kon gaan om daar te eten. Zou Philip bij ons thuis zijn geweest dan had hij altijd met ons mee kunnen eten. De conclusie die ik toen trok 'Nederlanders zijn niet gastvrij' was echter fout. Marokkanen beleven gastvrijheid op een hele ander wijze dan de Nederlanders. Gastvrijheid is vaak gebaseerd op spontaan gedrag. Je hoeft niet van te voren een afspraak te maken om mee te eten. Desnoods bakken we een paar omeletten meer en eten we extra brood als er niet genoeg is voor iedereen. En daar verschilt de Marokkaanse mentaliteit als het gaat om omgaan met gastvrijheid met de Nederlanders. Hier gaat zowat alles op afspraak. Als je mee wilt eten moet je dat ruim van te voren meedelen, zodat er rekening mee wordt gehouden. Als je weet dat er iemand bij je komt eten kun je daar rekening mee houden. Dan kun je extra boodschappen halen. De afspraakmentaliteit en alles van te voren willen plannen, va de wieg het graf, is onder de Nederlanders veel beter ontwikkeld dan onder Marokkanen.

We zouden kunnen concluderen dat de waarden 'respect' en 'gastvrjheid' in zowel de Nederlandse als de Marokkaanse cultuur worden gewaardeerd. Dit geldt in zekere zin voor alle andere waarden. Daarom spreek ik ook wel van universele waarden. Het is dus pertinente onzin om uit de monden van bekende conservatieve denkers, opiniemakers en politici, zoals Geert Wilders, in Nederland te horen dat waarden van leden met een niet-westerse achtergrond tegenstrijdig zouden zijn of botsen met leden van een westerse cultuur. Zulke conclusies worden vertaald in 'botsingen tussen culturen' en leiden alleen tot polarisaties tussen bevolkingsgroepen. Er bestaan geen botsende waarden. Waar we wel van elkaar verschillen is hoe we deze waarden inkleuren. Om te voorkomen dat kinderen, die van huis uit nooit hebben geleerd om deze verschillen te ontdekken en er goed mee om te gaan, in een ernstige identiteitscrisis terechtkomen moeten scholen hun verantwoordelijkheid hier in nemen. Zo kunnen scholen door in aparte lessen aandacht te besteden aan hoe grondwaarden verschillend vertaald worden kinderen bewust maken waarin zij overeenkomen en verschillen met kinderen met een hele andere culturele achtergrond. Zo leren ze beter hun eigen culturele achtergrond te snappen en beter te integreren. Alleen zo kunnen we vroegtijdig voorkomen dat er in de toekomst nog meer types in dezelfde richting zich gaan ontwikkelen als de geradicaliseerde Samir A's.